# 上海农产品电商发展研究报告

◎马佳 王丽媛 逯连静 马莹 杨红 郑秀国 编著

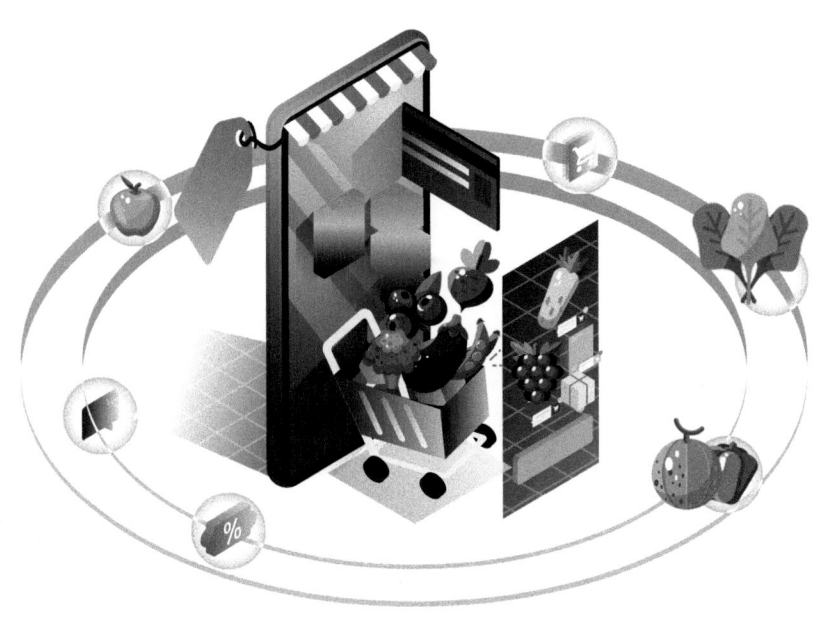

中国农业科学技术出版社

图书在版编目（CIP）数据

上海农产品电商发展研究报告 / 马佳等编著． -- 北京：中国农业科学技术出版社，2024.5
　　ISBN 978-7-5116-6800-4

　　Ⅰ．①上⋯　Ⅱ．①马⋯　Ⅲ．①农产品—电子商务—产业发展—研究报告—上海　Ⅳ．①F724.751

中国国家版本馆 CIP 数据核字（2024）第 086189 号

责任编辑　崔改泵
责任校对　李向荣
责任印制　姜义伟　王思文

| | |
|---|---|
| 出 版 者 | 中国农业科学技术出版社<br>北京市中关村南大街 12 号　　邮编：100081 |
| 电　　话 | （010）82109194（出版中心）　（010）82106624（发行部）<br>（010）82109709（读者服务部） |
| 网　　址 | https://castp.caas.cn |
| 经 销 者 | 各地新华书店 |
| 印 刷 者 | 北京建宏印刷有限公司 |
| 开　　本 | 170 mm×240 mm　1/16 |
| 印　　张 | 12.25 |
| 字　　数 | 206 千字 |
| 版　　次 | 2024 年 5 月第 1 版　2024 年 5 月第 1 次印刷 |
| 定　　价 | 100.00 元 |

▍ 版权所有·侵权必究 ▍

# 《上海农产品电商发展研究报告》
# 编著者名单

马　佳　上海市农业科学院农业科技信息研究所

王丽媛　上海市农业科学院农业科技信息研究所

逯连静　上海市农业科学院农业科技信息研究所

马　莹　上海市农业科学院农业科技信息研究所

杨　红　上海市农业科学院农业科技信息研究所

郑秀国　上海市农业科学院农业科技信息研究所

# 前　言

近年来，中国农产品电商不断发展，特别是在新冠疫情的影响下，农产品电商更是进入了发展的快车道。2021年中央一号文件提出，要深入推进电子商务进农村和农产品出村进城，推动城乡生产与消费有效对接。上海作为重要的农产品销售市场，已成为农产品电商发展的主战场。在数字经济时代，发展农产品电商是实现乡村产业振兴的重要抓手，也是上海实现城市数字化转型的重要途径。因此，本书旨在通过从不同维度系统梳理上海农产品电商发展情况，为相关从业者及研究人员提供参考。

本书分为五章：

第一章为上海农产品电商发展研究，全面反映上海农产品电商的特点、主要做法与经验，分析存在的主要问题，展望发展趋势。编写人员：逯连静、王丽媛、杨红、马佳。

第二章为上海新型农业经营主体的电商发展问卷调查研究。编写人员：马佳。

第三章为上海金山区农产品电商发展概况，主要基于金山区的产业特点，梳理农产品电商发展进展。编写人员：王丽媛。

第四章为上海新型农业经营主体典型案例，从不同农产品品类、不同区域等维度展现有代表性的新型农业经营主体的农产品电商发展进展。编写人员：逯连静、杨红、郑秀国、马莹。

第五章为上海电商企业典型案例，主要介绍市级公益性农产品电商平台，以及盒马鲜生、叮咚买菜、本来生活等上海主要电商平台企业助推农产品出村进城的经验做法和成效。编写人员：马莹。

本书是马佳研究员主持的上海市农业农村委课题"数字经济时代上海农业电商跟踪研究"的部分成果。在开展上海农产品电商发展研究的过程中，得到了上海市和各区农业农村委相关部门，以及农业龙头企业、农民专业合作社等新型农业经营主体代表，电商平台企业代表等提供的帮助和支持。上海市农业科学院、农业科技信息研究所的领导和同事们对我们的工作给予了大力支持，在此一并表示衷心感谢。感谢本课题组的硕士研究生们在实地调研、数据处理与文字校审方面的大力帮助。此外，感谢中国农业科学技术出版社对本书出版给予的支持与帮助。

由于收集资料不够广泛，见闻有限，本书的疏漏和不足之处恳请各位读者批评指正。

编著者

2024 年 1 月

# 目 录

**第一章　上海农产品电商发展研究** ·················· 1
    一、农产品电商发展概述 ························· 1
    二、上海农产品电商的发展 ······················· 3

**第二章　上海新型农业经营主体的电商发展问卷调查研究** ········ 15
    一、问卷设计 ································· 15
    二、理论模型与数据说明 ························ 15
    三、描述性统计 ······························· 19
    四、实证分析 ································· 20

**第三章　上海金山区农产品电商发展概况** ················ 26
    一、基本概况 ································· 26
    二、举措与成效 ······························· 27
    三、存在的问题 ······························· 28
    四、未来展望 ································· 29

**第四章　上海新型农业经营主体典型案例** ················ 31
    一、上海正义园艺有限公司 ······················· 31
    二、上海城市蔬菜产销专业合作社 ··················· 35

三、上海浦蔬农业科技有限公司 ⋯⋯⋯⋯⋯⋯⋯⋯⋯⋯ 39
四、上海谷杰粮食专业合作社 ⋯⋯⋯⋯⋯⋯⋯⋯⋯⋯ 40
五、智耕股份有限公司 ⋯⋯⋯⋯⋯⋯⋯⋯⋯⋯⋯⋯⋯ 42
六、上海亮苗稻米专业合作社 ⋯⋯⋯⋯⋯⋯⋯⋯⋯⋯ 43
七、上海永大菌业有限公司 ⋯⋯⋯⋯⋯⋯⋯⋯⋯⋯⋯ 45
八、上海翼农果蔬专业合作社 ⋯⋯⋯⋯⋯⋯⋯⋯⋯⋯ 50
九、上海普圆食品有限公司 ⋯⋯⋯⋯⋯⋯⋯⋯⋯⋯⋯ 54
十、上海建信果蔬专业合作社 ⋯⋯⋯⋯⋯⋯⋯⋯⋯⋯ 58
十一、上海御源农业专业合作社 ⋯⋯⋯⋯⋯⋯⋯⋯⋯ 62
十二、上海木然蔬果专业合作社 ⋯⋯⋯⋯⋯⋯⋯⋯⋯ 64
十三、上海马陆葡萄公园有限公司 ⋯⋯⋯⋯⋯⋯⋯⋯ 66
十四、上海百蒂凯蔬果种植专业合作社 ⋯⋯⋯⋯⋯⋯ 70
十五、上海外冈粮食生产专业合作社 ⋯⋯⋯⋯⋯⋯⋯ 76
十六、上海绿望蔬果产销专业合作社 ⋯⋯⋯⋯⋯⋯⋯ 80
十七、上海歆香蔬果专业合作社 ⋯⋯⋯⋯⋯⋯⋯⋯⋯ 85
十八、上海越亚农产品种植专业合作社 ⋯⋯⋯⋯⋯⋯ 87
十九、上海桃咏桃业专业合作社 ⋯⋯⋯⋯⋯⋯⋯⋯⋯ 88
二十、上海苗荟农产品专业合作社 ⋯⋯⋯⋯⋯⋯⋯⋯ 93
二十一、上海金山"鑫品美"草莓联合体 ⋯⋯⋯⋯⋯⋯ 94
二十二、上海仓桥水晶梨专业合作社 ⋯⋯⋯⋯⋯⋯⋯ 97
二十三、上海家绿蔬菜专业合作社 ⋯⋯⋯⋯⋯⋯⋯⋯ 100
二十四、上海松林食品(集团)有限公司 ⋯⋯⋯⋯⋯ 103
二十五、元盛食品制造(上海)有限公司 ⋯⋯⋯⋯⋯ 107
二十六、上海汇蓝农业股份有限公司 ⋯⋯⋯⋯⋯⋯⋯ 110
二十七、瀛久农业科技发展有限公司 ⋯⋯⋯⋯⋯⋯⋯ 114
二十八、上海子田农业专业合作社 ⋯⋯⋯⋯⋯⋯⋯⋯ 118
二十九、上海大山合菌物科技股份有限公司 ⋯⋯⋯⋯ 122
三十、上海申裕鸽业养殖专业合作社 ⋯⋯⋯⋯⋯⋯⋯ 126

三十一、上海玉章禽蛋专业合作社 …………………………… 128
　　三十二、上海塞翁福农业发展有限公司 ………………………… 131
　　三十三、上海荷裕冷冻食品有限公司 …………………………… 135
　　三十四、上海末农果蔬种植专业合作社 ………………………… 137
　　三十五、上海永胜瓜果专业合作社 ……………………………… 140
　　三十六、上海绿延有机农产品专业合作社 ……………………… 144
　　三十七、上海录海蔬菜专业合作社 ……………………………… 147
　　三十八、上海绿椰农业种植专业合作社 ………………………… 150

**第五章　上海电商企业典型案例** …………………………………… **156**

　　一、鱼米之乡——公益服务，助推上海地产农产品展销 ……… 156
　　二、盒马鲜生——用科技和人情味打造"鲜美生活" ………… 166
　　三、叮咚买菜——美好食材普惠万众 …………………………… 171
　　四、本来生活网——坚守品控，助力上海地产农产品销售 …… 173

**主要参考文献** ………………………………………………………… **180**

# 第一章　上海农产品电商发展研究

## 一、农产品电商发展概述

### （一）农产品电商发展的背景

近年来，上海市涉农电商发展迅速，一大批大宗农产品交易平台、生鲜电商平台发展如火如荼，已成为上海农业发展的核心动力之一。尤其是随着后疫情时代的到来，市民已适应快节奏、低时间成本的消费方式，一批有影响力的电商平台进入了发展的快车道。

据网经社报道，在上海市本土成立的电子商务平台有514家，其中涉农电商有30多家，而生鲜电商有23家，如叮咚买菜、盒马鲜生等。在上海市上线的电商平台达700余家，其中规模较大的涉农电商有10余家，如本来生活、拼多多等。叮咚买菜目前在上海地区的农产品种类（SKU）有1 500个，前置仓600余家，采取"7+1"的品控模式，2020年全国成交金额超130亿元。盒马鲜生采用"线上及时到家+线下体验"的模式在上海地区开设了86家线下体验店，前置仓多达10余家，其品控方式是产地、大仓、门店三道关卡+SGS合作，上海地区盒马鲜生的农产品种类有3 000～4 000个，其中生鲜农产品主要有日日鲜、有机鲜和本地鲜三类，2020年农产品销售总额超100亿元。另外，上海地区还有美团买菜、拼多多等社团模式电商，京东到家等平台模式电商，以及本来生活等"线上+线下、餐饮+超市"模式电商等。不同商业模式的农产品电商群雄逐鹿、共同崛起，满足了上海地区不同层级消费者的消费需求。

2020年9月，上海市农业农村委员会与拼多多合作打造"沪农优品馆"，全面推动上海优质地产农产品上行新电商，并在绿色农业、品牌农业、科技农业、数字农业以及新农商、新农人培训等领域展开了全方位合作。同年4月，浦东新区农业农村委员会与盒马鲜生合作，在航头镇启动了新零售"基石"项目，重点围绕订单农业基地和数字农业示范基地建设，携手打造了具有更高水平的上海"盒马村"和"一村一品"。2020—2021年，金山区、奉贤区相继联合叮咚买菜，分别在廊下镇、柘林镇共同建设了集"技术+人才+品牌"于一体的叮咚买菜智慧农业示范园区，通过"丰收联盟"实现农业产业链集聚，促进农民增收。由上海市农业农村委员会指导，上海农业展览馆具体负责，成立了上海市首个市级公益电商平台——上海数字农业产销服务平台——"鱼米之乡"。在第三届上海市农民丰收节上，上海市农业农村委领导、农展馆主要负责人、水稻专家、全国农业劳动模范等纷纷走进直播间，为上海优质农产品代言。

## （二）上海农业产业发展的特点

### 1. 一二三产业融合发展

上海以乡村振兴为契机，深化农业供给侧结构性改革，加快发展多功能农业，延长农业产业链，重点发展乡村旅游业，成功打造"浦东桃花节""庄行菜花节""马陆葡萄节""廊下丰收节""崇明米酒节"等农业节庆品牌；以"美丽家园""绿色田园""幸福乐园"工程为抓手，积极开展乡村振兴示范村和美丽乡村示范村建设实践，着力探寻符合上海实际的乡村振兴实施路径，让乡村成为美丽上海的亮丽底色。

### 2. 主要农产品持续稳定供给

据统计，2020年上海实现农业总产值272.01亿元。面对中心城区巨大的食品需求，上海着力保障全市农副产品供应，其中90%的绿叶菜、70%的鲜奶、20%的水产品均来自上海郊区。2020年，上海粮食产量91.44万吨、蔬菜产量244.33万吨、生猪出栏量97.74万头、鲜奶产量29.09万吨、水产品产量24.74万吨。

### 3. 扎实推进都市现代绿色农业高质量发展

上海扎实推进农业高质量发展，把增加绿色农产品供应放在突出位置，搭建上海绿色农产品公共推介平台，增加市民对地产绿色认证农产品的知晓度和感受度，倒逼生产企业标准化生产。2020年，上海市有效期内绿色食品企业共875家，较2019年新增221家，产品1573个；同年上海市绿色食品获证产量125.58万吨，较2019年增加19.85%。2020年上海市地产农产品绿色食品认证率达24%，农产品地理标志15个。

4. 农业机械化高质量转型升级稳步推进

上海加大粮食生产、蔬菜生产、高效植保、粮食烘干、绿色养殖等领域机械化的投入力度，强化农机购置补贴政策的实施。2020年上海市水稻生产综合机械化水平达96%，粮食烘干能力达2.4万吨，粮食安全保障能力显著增强。另外，全市建立了18家蔬菜生产"机器换人"示范基地，围绕青菜、鸡毛菜、生菜、米苋等叶菜，着重开展了耕地、作畦、栽种（直播和移栽）、管理、采收和废弃物处理等关键环节的机械化试验示范，初步选定适用机型和配套技术路线，为推动蔬菜机械化生产打下了坚实基础。

5. 信息技术在农业产业的应用持续深化

上海围绕"一网通办""一网统管"的具体要求，以农业农村全要素、全过程管理为主线，全面建设上海市数字农业云平台。以电子政务信息系统整合建设为抓手，以业务数据"落地"为重点，大力集成农业农村资源的政务应用。加快建设上海农产品价格分析系统，推进上海农业数据中心建设，实现系统互联互通、资源共建共享、业务协作协同。推动支持社区智慧微菜场、O2O电商平台、生鲜超市等新模式新业态发展，形成"互联网+菜篮子"新模式。利用物联网等信息技术手段，构建地产农产品种植、水产品养殖、农产品初级加工和畜禽屠宰等重要环节的信息追溯公共服务平台，加强种子、肥料、农药、饲料、兽药等农资产品的质量安全追溯体系建设，实现对主要农资产品生产、经营和使用的全程追溯管理。

## 二、上海农产品电商的发展

### （一）主要做法

1. 出台系列政策，加快农产品电商新零售模式转型步伐

2018年，上海市政府出台了《上海市乡村振兴战略规划（2018—2022

年）》，要求各区加强地产农产品营销渠道建设，积极发展直销、直供、农产品电商等新业态，促进绿色农产品营销的线上线下融合发展。2018年，上海市相继出台了《社区智慧微菜场建设工作方案》《上海市贯彻落实国家进一步开放重大举措加快建设开放型经济新体制行动方案》等一系列政策，加快推进"互联网+菜篮子"新模式的发展，打造出一批农产品和电子商务融合发展的新型零售业态。2019年1月4日，上海市政府印发《关于本市推进电子商务与快递物流协同发展的实施意见》，推动了电商快递基础的合理化布局、智能化发展、绿色化运营、标准化建设、便利化服务。此外，相关部门开展了电子商务企业评比，为优秀企业授牌，并为其争取相关的政策支持。各区区政府也相继出台了配套的财政资金扶持政策。例如：2019年嘉定区农业农村委印发了《嘉定区农产品营销及农业会展补贴办法（试行）》，给予营销和会展一定的补贴，支持地产农产品专业网店发展；松江区农业农村委出台了《松江区农业品牌建设补贴专项资金管理办法》，对农产品电子商务平台开发建设费、技术服务费、维护费等农产品建设方面给予30万元（上限）的补贴；浦东新区出台了《浦东新区地产农产品产销对接奖励补贴实施细则》，设立区级农产品公益网络销售平台物流奖励补贴，对在浦东新区区级农产品公益网络营销平台销售的单位给予每单物流费50%的补贴，每单最高补贴5元，每家单位每年补贴不超过30万元。此外，参加浦东新区农业农村委组织的其他公益平台推广促销活动的，其物流费另外给予全额补贴。

### 2. 创建共享平台，推进地产农产品电商品牌建设

**一是创建绿色农产品网上直销平台。** 做优做强"鱼米之乡""浦农优先""我嘉生鲜""金山味道""崇明米道""金品泽味"等各级政府搭建的地产农产品线上统一销售平台，通过农产品品牌创建和各类农事节庆活动开展线上展示展销活动，组织入驻农产品电商运营主体开展直播、秒杀、折扣满减等活动，并组织开展企事业单位、工会团体与电商企业的对接。优化评奖评优机制，开设优质金奖产品专区并组织开展线上零售促销活动，进一步拓宽地产农产品流通渠道。

**二是培育农产品电商企业的互联共享平台。** 政府通过专项资金补贴，

推动农产品仓储式电商平台新良农家园、本来生活、盒马鲜生等开展上海地产优质农产品评优推介等展示展销活动，评选出受市民喜爱的优质地产农产品，持续扩大崇明大米、南汇水蜜桃、马陆葡萄等特色优质区域农产品品牌的影响力。

**三是构建农产品供应链体系。** 实施"数商兴农"，打造地产农产品网络品牌，如金山区"鑫品美"，由多家草莓种植合作社联合为运营主体，搭建农户与消费者直接交流的平台，并在金山区农业技术推广中心、金山区农业科技教育信息中心、金山区农联会的支持下，协助合作社推广有机农业，带动农户统一品种、统一标准、统一生产、统一采购、统一品牌、统一销售，构建基于互联网的供应链管理模式，并形成协同高效、利益共享的优质特色农产品供应链体系。

#### 3. 完善末端服务，促进农产品电商智慧化发展

**一是构建智慧化零售终端的网络布局。** 推动智能售货机、智慧微菜场、无人回收站等新型智慧零售终端线下设点，加大智能快件箱在社区、商务中心、高校、地铁站等周边末端节点的线下推广应用，形成区域覆盖的线下零售终端网络体系。

**二是完善供应链末端服务体系。** 在新冠疫情管控的背景下，创建"无接触式配送"共享货架模式，由行业协会组织生鲜电商企业，如叮咚买菜、盒马鲜生、美团买菜、每日优鲜等，与社区物业加强沟通合作，提升对生鲜农产品的配送效率与服务质量。

**三是搭建社区生鲜电商平台。** 通过在社区设立农产品智能自提保险柜，直接联通农产品生产基地与社区居民，为市民提供 24 小时买菜服务，打造家门口的"社区智能微菜场"，为社区居民搭建以"平台＋产地直供＋冷链自营＋站点直投"为核心的生鲜农产品服务体系。

#### 4. 加强教育与培训，培养新型农业电商人才

**一是鼓励高校开设电子商务专业，开展系统化专业人才培育。** 上海共有 10 所本科院校、10 所专科院校开设电子商务专业，通过学历教育、职业培训、技能大赛等多项途径，面向全国培育农商互通的农村电商人才，

打造国内领先的农商互联网培训体系。

**二是依托生鲜电商经营主体，打造专业化人才队伍。**本来生活、叮咚买菜、盒马鲜生等生鲜电商企业，农产品供应链体系比较完善，从生产、包装、保鲜运输、售后等一系列环节，制定了统一的企业标准，并在农产品生产管理、采摘、分拣、包装、品牌塑造等环节，对农业生产主体、物流运输主体和销售运营主体等进行了专业化培训，有效促进了上海农产品电商行业的规范化发展。

**三是政府与企业共同组织电商人才培训。**如奉贤区建立人民优选（上海）直播培训基地，并与抖音（字节跳动）等新媒体企业联合开展农产品电商人才培训，结合"人民优选直播大赛"活动等形式，对直播经济达人进行挖掘、培训、孵化；浦东新区农业农村委举办"浦东新农人直播电商培训班"，为浦东新区农业经营主体开设抖音小视频制作、直播引流技能等课程，取得了显著成效。

## （二）取得进展

### 1. 生鲜农产品交易快速发展

上海市统计局发布的《2020上海市国民经济和社会发展统计公报》显示，2020年上海实现社会消费品零售总额1.59万亿元，同比增长0.5%，增速比全国高4.4%。2020年，上海实物网上零售额比2019年增长20.7%，高出全国实物网上零售额增速的5.9%，其中生鲜消费增长最为显著。2021年1—11月，上海市网络购物重点电商企业的生鲜农产品类交易额为457.2亿元，同比增长40%；其中盒马鲜生电商销售额约130亿元，同比增幅超过15%。

### 2. 不同品类地产农产品市场认可度提高

在盒马鲜生、拼多多等大众电商平台，肉类+蛋禽类、蔬菜类等上海本地农产品销售额均占电商平台农产品销售总额的30%左右，瓜果类的销售额占比为10%。其中，肉类的菁涟食品、蛋禽类的大鹤蛋业、蔬菜类的崇明生态农业、瓜果类的8424西瓜等，受到了上海市民的普遍认可。

在"鱼米之乡"公益电商平台，东滩大米、亮苗大米、铁皮石斛和红颜草莓在 2021 上海金秋农产品线上展销会上取得了不俗的销售业成绩，尤其是东滩大米，销售了 4 000 余单，大米销售额占总销售额的 45%；草莓预售超 200 单，预售总额达 2.8 万元。在淘宝网店、微信小程序、各种 APP 等电商平台，粮油类的崇明大米、外冈大米、"薄荷香""樟艾居""金山岛"，肉类+蛋禽类的崇明白山羊、"金鸽""胖鸽鸽"，蔬菜类的"百蒂凯""茅练里"，瓜果类的草莓姑娘、崇明翠冠梨、文兴葡萄、小皇冠，水产类的"金财鱼"、崇明清水蟹等都有突出的销售业绩。

### 3. 上海农产品电商发展呈现新态势

**一是市、区、镇各级公益性平台发展迅速**。2020 年 10 月 15 日，上海市级公益电商平台"鱼米之乡"上线。该平台由"9+3+1"[9 个涉农区馆，市农科院、光明集团、上实集团 3 家市级单位和 1 个委托代销馆（农展馆）]的建构模式组成，为地产优质农产品的销售开辟了属于上海农民主体的新通道。在区级电商平台建设上，嘉定区有"我嘉生鲜"、浦东新区有"浦农优先"、金山区有"金山味道"、崇明区有"崇明米道"，在镇级电商平台建设上，青浦区有"金品泽味"、金山区有"鑫品美"和吕巷优质农产品、嘉定有马陆葡萄等。从而使上海优质初级农产品、加工农产品、非遗民俗产品、民宿文旅等系列乡村产品在上海各级公益性电商平台上直接面向消费者，满足了市民高品质的生活需求。

**二是市、区级公益性平台销售业绩突出**。2020 年 10 月至 2020 年底，"鱼米之乡"的线上销售额为 5 383 元，2021 年 1 月至 10 月底，其线上销售额增至 95 712 元。2021 年 11 月 9—15 日上海金秋展活动期间，"鱼米之乡"的总订单量达 5 918 单，总销售额为 100.80 万元。2020 年"崇明米道"的销售额为 3.59 亿元，其中蔬菜销售额达 2.85 亿元，约占全年销售总额的 80%，其次肉类为 3 178 万元，大米、禽蛋、瓜果分别为 1 837 万元、1 375 万元、1 027 万元。"我嘉生鲜"2020 年的销售额为 4.66 万元，其中大米销售额最高，为 2.95 万元，其次是瓜果和禽蛋，分别为 0.74 万元和 0.71 万元。

**三是全产业链数字化有序推进**。上海市农业农村委员会积极推进蔬菜从田头到餐桌的全产业链数字化转型，已初步形成了全市36万亩（15亩＝1公顷，全书同）菜田的生产管理和可追溯信息。探索推进上海地产初级农产品使用申农码，并计划将其接入随申办平台，让消费者可以直接扫码查询农产品生产商、种植地块、农事操作记录等数据，并鼓励社会公众参与农产品质量安全监管。

**四是重视标准化和规范化**。针对生鲜农产品供应链长、模式管理复杂、配送人员流动性大等特点，市商务委组织市网购商会等单位起草了《上海市地方标准〈生鲜电商配送货服务规范〉》。此外，市商务委还发布了《关于促进本市直播电商创新发展若干措施的通知》，要求直播电商应建立相关的主播认证制度，明确直播服务协议、合同和规范，完善商家准入、商品审核和信息分享制度等。上海市农业农村委联合上海市农展馆、中国农业科学院等单位编制了《上海市地产农产品生产技术和流通规范标准白皮书》，对上海农产品从品种选育、播种收获、加工整理、包装上市、冷链物流等全流程建立了一套完善的执行标准，实现了农业市场化、产业化、集约化、现代化。

**五是持续推进农产品品牌创建**。上海市根据本市农业产业发展规模和品鉴评优的特点，选取了西瓜、番茄、黄瓜、鲜食玉米、水蜜桃、葡萄、蜜梨、黄桃、大米、草莓、羊肉、大闸蟹等品类，在5月"春瓜"、7月"夏果"、11月"秋米"等地产农产品集中上市期间举办集品鉴、推介、展销为一体的推介活动，每个品类设置金奖1个、银奖2个、铜奖3个和最受市民欢迎奖5个，并邀请盒马鲜生、叮咚买菜、本来生活、拼多多等主流电商为战略合作单位，搭建产销对接平台，共同提升上海地产优质农产品影响力。同时，邀请安信农保上海有限公司、上海农商银行等作为支持单位，支持推介活动后续的产销对接和相关服务工作。

## （三）存在的问题

### 1. 特殊时期限制性政策的柔性实施机制缺失

农产品尤其是生鲜农产品不同于其他商品，在常温下放置久了极易腐烂，且蔬菜、水果、冷鲜肉类等保鲜条件不同。特殊时期如遇极端天气或突发疫情，政府会出台相关交通管制、村委与居委封闭管理等限制性政策，如2020年新冠病毒肆虐，政府采取了居家隔离、道路封闭、高速路设置众多检查点等"刚性"措施，但是由于缺乏限制性政策的柔性管理机制，致使生鲜农产品运输车辆难以进入市区，物流配送时间延长，农产品保鲜度降低，失去了原有的价值；村庄封闭期间生鲜农产品无法运出，农民损失惨重，生产端也受到了很大程度的影响。

**一是现有限制性政策在新冠疫情期间未能根据现实需要柔性实施**。根据上海市货运机动车道路通行有关规定，上海市牌照的低速货车（主要指农用车）以及外省市货运车辆不能进入内环线以内（含内环线），本市货运车辆则需遵守禁行区域和禁行时间。新冠疫情期间，这些限制性政策更加大了农产品的运输流通难度，如拼多多，在新冠疫情期间由于交通上的限制性政策未能柔性实施，该平台的外省市和本市农产品货运大车无法及时进入市区，出现了绿叶菜等生鲜农产品滞销的现象。

**二是特殊时期出台的限制性措施缺乏绿色通道管理机制**。2020年，新冠疫情暴发，全国部分地区实施交通物理隔断举措，导致大批农产品经营者无法顺利将农产品销售出去，出现了众多"滞销户""滞销村"等现象。如盒马鲜生虽然有前置仓和"盒马村"，但是新冠疫情期间，由于无法进入"滞销村"收购农产品，导致流通环节出现了农产品供不应求的困境。

2. 电商人才培育仍需加强

**一是仍需扩大熟练掌握电商运营的经营主体规模**。上海农村人口比例低，农业从业人员年龄普遍偏大，缺乏一定的电商平台运营知识和经验，服务意识较薄弱，并对目前电商的应用效果持怀疑和畏惧态度。例如，上海公益性平台"鱼米之乡"目前只有50家具有电商运营知识和经验的农业经营主体加入，仍有200多家农业经营主体需进行电商知识培训。2020年，由于受新冠疫情影响，奉贤区新型农业经营主体纷纷参与电商活动，如开通直播、抖音、小程序等，并取得一定成效，但是随着新冠疫情的常态化发展，这些经营主体由于没有采取正确思路和措施，缺乏经验，大都陆续放弃了电商平台。

**二是缺少农产品电商专业运营商及人员**。首先，缺少专业从事农产品销售的运营商。上海农业经营分散，不少经营主体的经营规模仅有 3～5 亩，对于淘宝、叮咚买菜、盒马鲜生等大型电商平台来说，他们的规模及品质无法满足平台要求，外加入驻平台需要高昂的费用，在采用自有的 APP、小程序等方式时，又缺少流量，因此亟须更多如"鱼米之乡"的公益性专业运营商。其次，缺少电商专业运营人员。农产品电商运营离不开专业从业人员和管理人员，但是农业合作社及企业大都地处郊区，难以留住专业人才。另外，由于电商专属对接机构缺失，且熟悉电商业务人员较少，无法完成农产品产销在电商方面的对接工作，造成农产品电商发展停滞不前。

**三是电商业务培训效果及延续性有待提升**。针对小型农业合作社及企业，奉贤区农业农村委开展过多次电商业务与直播培训，2020 年还承办了"人民优选直播大赛"，发动数家农业合作社参加比赛，但是因为各种原因，成效甚微，甚至在 2021 年几乎没有农产品企业开展直播及新增电商平台，电商业务培训的效果及延续性有待进一步提升。

### 3. 地产农产品资源整合力度不足

**一是生产规模不大，集中度不高，需进一步打造产业联合体**。上海耕地规模小，经营集中度不够，生产的农产品品种单一，产能有限，无法满足如拼多多、叮咚买菜、盒马鲜生、本来生活等大型农产品电商平台的订单化供应。上海已有的部分产业联盟，如金山区的"鑫品美"、浦东新区的"南汇水蜜桃"等，尽管已在产业联合上做出了积极探索，但由于产量仍未达到大型农产品电商平台要求，销售模式仍仅限于自产自销，其成本高利润低。因此，亟须政府将分散弱小的农业生产经营主体联合起来，以龙头企业对接市场，发挥品牌农业的影响力，进一步形成多个产业联合体。

**二是生产端资源整合力度不够，农产品供应链体系不完善**。供应链涉及生产、包装、保鲜、物流、售后等一系列环节，需要农业生产主体、物流企业、电商平台的广泛参与。上海农业经营分散，生产端未形成统一标准，冷链物流基础差，缺乏物流服务体系，生鲜农产品物流成本也比较高。据了解，由于几家公益性平台物流成本过高，物流服务体系不完善，农产品利润低，导致农民选择电商平台销售农产品的积极性不高。因此，发挥各区农业农村委职能，将生产端的资源整合起来，完善供应链体系迫在眉睫。

**三是自有电商平台存在较大局限性，仍需与其他平台资源整合。**上海农业经营主体开展电商业务大都是自有APP、小程序等，这些平台极易上线，但流量少、销量低，如部分已有公益性平台自身存在一定局限性，仅靠政府宣传、线上会员制消费等方式进行引流，仍然无法迅速扩大消费者群体，从而无法切实提升农产品销量，提高农民收入。因此，农业经营主体需积极与各大电商平台、各种媒体、各种营销平台紧密联系与沟通，以实现最大限度的资源整合利用。

**四是各层级分工不明确，未形成系统联动。**上海各区农业经营主体在电商经营中遇到的物流标准不统一、物流成本高、品控标准不一致、品控管理难、生产标准化不完善、包装设计不统一等问题，分析其原因主要是因为市政府、区政府、农业行业协会、农业合作社及企业、大型电商平台等沟通和协作机制尚不完善，未能形成系统联动。

4. 农产品生产及流通标准的建设有待完善

**一是需进一步加强农产品标准化生产，增加电商平台商户数。**上海的品牌农产品不多，各品类的生产标准、包装均未统一，进入电商平台的经营主体有限，极大地阻碍了农产品电商的发展进度。如浦东新区的"浦农优鲜"运行2年来主要销售水蜜桃、8424西瓜、玉菇甜瓜、翠冠梨、葡萄、大米等，且是正宗地产优质农产品，但其他产品因不符合平台准入标准而难进驻。大型电商平台如叮咚买菜等会对每一批产品进行农药残留等有害物质检测，但通过"直播""小视频"等小规模电商渠道销售的农产品质量则难以保证。

**二是农产品流通标准缺失，流通效率有待提高。**虽然市级政府对各个经营主体都有物流补贴政策，但是由于没有包装、物流等标准，导致物流成本及产品质量仍无法管控。部分平台采用一件代发运输农产品，尤其是生鲜类产品，由于物流标准不统一，而品质难以控制。

**三是农产品产业链信息不对称，亟须数字化转型。**部分经营主体投入大量人力和财力建立了营销系统、采购系统，并实时更新价格、网评等信息，但是仍然未能实现农产品生产品质、农残检测、物流品质、补贴落实率等信息的可追溯性，从而制约了线上发展速度。新冠疫情期间，由于缺乏农产品供应链信息平台，导致部分农产品滞销。

## （四）对策建议

1. 加强限制性政策的柔性实施，强化农产品绿色通道服务

建议相关部门加大对农产品绿色通道的支持力度，特别是在特殊时期应制定相应的柔性政策与制度。

**一是严守"刚性"政策，慎用强制措施**。特殊时期，应避免采取强制措施。如若有农产品运输车辆违反上海市货运机动车道路通行的有关规定，应谨慎采取扣押等行政强制措施，可遵循预先提醒、主动指导、分区分时允许农产品供应车辆进入市区、村庄，实现供需紧密对接，提高农产品供应能力。对依法采取非强制手段可以达到交通管理目的的，则不采取行政强制措施。

**二是提供柔性服务，设置农产品流通绿色通道**。在严格执行防疫管控政策的同时，对电商平台尽可能提供农产品流通柔性服务，提升市区、高速、村庄出入口通行效率，降低货运车辆、农产品积压风险，在充分核查健康码、行程码后，为符合条件的车辆提供快速通道。

2. 加强农产品电商人才培训，积极培育市场主体

**一是充分发挥政府职能，创建专门运营商，开设电商专题培训**。建议政府部门充分利用上海各高校的人才培养优势，引导电商领域的毕业生进入农业行业就业、创业，解决农产品电商发展的人才缺乏问题；牵头建立上海市范围内专属农产品电商运营商，培育电商运营主体；聘请专家教授开办农产品电商经营专题培训班，对中小型农业企业的从业人员进行公益培训。

**二是政府通过多种途径，提高电商从业人员的综合能力**。建议政府可通过学历教育、职业培训、技能大赛等途径，打造国内领先的农商互联培训体系，立足上海，面向全国，培养更多的电商互联、农村电商人才；通

过组建各种电商业务（如直播大赛），着力打造电商平台的农产品销售冠军，并给予一定奖励，从而促进现有从业人员学习电商业务知识的积极性，不断提升其综合能力。

**三是鼓励电商平台对农业经营主体进行培训。**鼓励大型电商平台如本来生活、叮咚买菜、盒马鲜生等对产地农产品的农业经营主体开展农产品生产管理、采摘、分拣、包装、品牌塑造、电商运营等环节的全方位培训；加大对电商的支持力度，鼓励电商平台分享电商运营经验，参与电商经营优秀主体评选活动，深化与小型农业合作社及企业的沟通。

### 3. 推进农产品规模化生产，加大资源整合力度

**一是积极培育农业产业联合体，满足大型电商平台需求。**通过国有企业牵头，联合农业企业、合作社、家庭农场和种植大户，探索现代农业产业化联合体经营模式，创新利益联结机制，通过满足拼多多、叮咚买菜、盒马鲜生、本来生活等大型农产品电商平台的订单化需求，推进按需生产、规模化整合，实现品牌共享、农资团购、科技培训等多元化利益联结。

**二是整合生产端资源，建设一体化集配中心。**建议相关部门组建农产品电商服务团队，与京东物流、顺丰快递等物流企业合作，统一协商包装、快递收费标准，为农业经营主体提供物流配送等专项服务，降低物流成本，提升物流质量；加强全市生鲜产品冷链物流基础设施建设；进一步提高物流补贴额度，建立补贴落实机制，与各大物流企业如京东、顺丰、邮政等签订物流协议，出台快递成本政策等；支持建设集服务中心、检测中心、农产品分拣、加工、仓储、冷链、物流于一体的农产品集配中心，完善农产品出村进城供应链体系。

**三是加大与其他平台合作力度，提高自身影响力。**鼓励农业经营主体参与政府、其他电商平台举办的直播大赛，积极与公益平台如"鱼米之乡""金山味道"等对接；通过政府搭台，加快与人民网的APP、建行的育农平台，以及随申办、支付宝等相关平台（尤其是支付宝小程序）的对接速度，通过网商贷等资本优势，扩大客户群体；鼓励拥有私域平台的农业电商在线下与各大银行如中国银行、中信银行、上海银行等建立长期订单合作关系，借此通过线上会员制，提高线上销量。

**四是创建各层级联动机制，强化系统联动**。充分发挥市级、区级、农业行业协会、电商协会、第三方组织、农业经营主体等作用，避免各自为政，强化系统联动。针对物流价格高、售后服务难等问题，建议市级相关部门发挥好统筹协调职能；建议区级职能部门充分发挥管理机制，出台农产品品控管理条例，如农残标准、生产标准、包装标准、保鲜标准等；行业协会及第三方平台可开展生产中的标准化监测工作，加强人才培训，针对实际需求，进行包装设计，通过各种方法引流，加大品牌宣传力度；农业经营主体应根据相关标准进行农产品标准化生产，通过订单合作模式，安排农产品按需生产，把好田间地头第一关。

4. 制定生产和流通标准，加快农产品电商数字化转型

**一是制定农产品生产与流通相关标准，指导农产品电商发展**。建议政府部门或相关行业协会根据各农业经营主体、电商平台对农产品生产技术与流通的要求，构建专家评审体系，加快《上海地产农产品生产技术与流通标准》白皮书的编写进度，从农产品的生产、农残检测、包装、物流配送、损耗责任等各个环节制定标准。

**二是加强数据运用，实现供产销全链数字化**。首先，相关部门应从农产品生产端入手，通过构建农产品生产信息、农业基地信息库，搭建农产品源头检测机制，统一产品品质、农药残留检测标准和流程，公开相关检测数据，从源头提升农产品数字化和标准化水平；其次，建立农产品供应链平台，集中地产优质农产品的信息发布渠道，让电商与农产品生产经营主体之间对接更便捷，同时提高物流链的数字化水平，建设上海地产农产品流通的高效、安全健康、绿色智能电商体系；最后，推动平台数据化、公开化、规范化，实时显示平台流量、产品关注人数和销售量，为各地提供乡村产业数字化经营策略、互联网营销推广渠道、数字化分析工具。

# 第二章　上海新型农业经营主体的电商发展问卷调查研究

## 一、问卷设计

针对上海市 9 个郊区的 777 家新型农业经营主体展开问卷调查，利用有序多分类 Logistic 模型分析其电商认知行为的影响因素，然后分别研究种养大户、家庭农场、农民专业合作社和农业企业（公司）这四类新型经营主体的电商认知行为影响因素的差异性及其产生的原因，为推动政府制定差异化、精准化的农村电商发展政策提供理论基础和依据。

## 二、理论模型与数据说明

### （一）理论模型

认知心理学认为，人的行为是以其认知为基础决定的，个人的认知程度决定了其行为的意愿程度，进而影响其最终的行为决策。研究新型农业经营主体的电商认知行为能更全面地从根本上提升农产品电商的采纳度。采用姚志的做法，在农业新技术的 5 个采用过程的基础上，融合阿尔伯特·班杜拉（Albert Ban dura）的人类行为模型，构建农业新型经营主体电商认知行为模型。

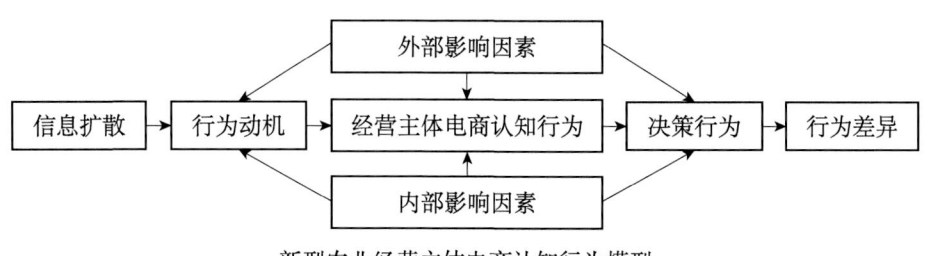

新型农业经营主体电商认知行为模型

由上页图可以看出，不同新型农业经营主体在电商方面的行为差异是由其决策行为导致的，而其决策行为是受电商认知行为所影响的，电商行为认知则受到外部环境因素和内部自身因素的共同影响，在这所有的传导路径中，信息扩散是产生一切行为动机的源头。

## （二）计量模型选择

被解释变量是定类数据，且为多元离散数值，数据取值存在排序关系，即设定：不了解 =0、一般了解 =1、非常了解 =2。因此选择有序多分类 Logistic 回归分析，以量化分析上海市新型农业经营主体电商认知行为的差异性及影响因素。被解释变量 $y$ 有三个分类，可将模型拆分为两个二分类 Logistic 回归模型：

$$Ln=\frac{p_1}{p_2+p_3}=\alpha_1+\sum_{k=1}^{K}\beta_k x_k$$

$$Ln=\frac{p_1+p_2}{p_3}=\alpha_2+\sum_{k=1}^{K}\beta_k x_k$$

Logistic 回归模型中解释变量 $x_k$ 与被解释变量 $y$ 的关系为：

$p_1=p(y=0)=1-F(\beta'x_i)$

$p_2=p(y=1)=F(-\beta'x_i)$

$p_3=p(y=2)=1-F(\mu_2-\beta'x_i)$

其中：$F(\beta'x_i)=\dfrac{\theta^{\beta'x_i}}{1+\theta^{\beta'x_i}}$

## （三）变量选择

选取的被解释变量为上海市新型农业经营主体对电商的认知水平，解释变量既包括年龄、文化程度、打工经历、土地规模、从事农业工作年限、商标注册、本地农产品年销售额等内部因素，还包括参加电商培训的次数和政府补贴情况等外部因素。具体变量的含义、取值、均值、方差以及解释变量对被解释变量影响方向的预判，如表 2-1 所示。

表 2-1 变量含义界定

| 变量 | | 表示符号 | 变量取值及含义 | 均值 | 标准差 | 预期符号 |
|---|---|---|---|---|---|---|
| 被解释变量 | 电商行为认知 | Y | 不了解 =0；一般了解 =1；非常了解 =2 | 0.984 0 | 0.527 4 | |
| 解释变量 | 内部因素 | age | 年龄 | 30 岁及以下 =0；31～40 岁 =1；41～50 岁 =2；51～60 岁 =3；60 岁以上 =4 | 1.857 0 | 0.929 7 | − |
| | | 文化程度 edu | 初中及以下 =0；高中 =1；大学 =2；研究生及以上 =3 | 1.398 4 | 0.758 1 | + |
| | | 打工经历 workpt | 没有 =0；有 =1 | 0.843 6 | 0.363 5 | + |
| | | 土地规模 land | 100 亩及以下 =0；100～400 亩* =1；400～700 亩 =2；700～1 000 亩 =3；1 000 亩以上 =4 | 1.266 0 | 1.080 5 | + |
| | | 农业工作年限 wyear | 2 年及以下 =0；2～5 年* =1；5～10 年 =2；10 年以上 =3 | 2.108 3 | 0.958 5 | + |
| | | 本地农产品年销售额 sales | 20 万元及以下 =0；20 万～50 万元* =1；50 万～80 万元 =2；80 万～100 万元 =3；100 万～500 万元 =4；500 万元以上 =5 | 2.693 9 | 1.803 2 | + |
| | | 商标注册 brand | 否 =0；是 =1 | 0.601 6 | 0.489 9 | + |
| | 外部因素 | 政府补贴 sub | 没有 =0；有 =1 | 0.058 8 | 0.235 5 | + |
| | | 电商培训次数 tra | 没有参加过 =0；参加次数较少 =1；参加次数一般 =2，参加次数较多 =3 | 1.119 0 | 0.948 8 | 未知 |

*该数值范围针对土地规模、农业工作年限、本地农产品年销售额时，不包含下限，但包含上限。下同。

1. 内部因素

在内部因素中，主要选取年龄、文化程度、打工经历、土地规模、从事农业工作年限、本地农产品年销售额、商标注册 7 个因素。一般来说，年龄越大的人思想越保守，越不想冒险接受新鲜事物，因此预测年龄对其电商认知行为的影响为负；文化程度越高，所接触的知识面越广，具有更高的知识素养，对自身优势认识的提高使其更容易接受新技术并加以运用，因此预测文化程度对其电商认知行为的影响为正；曾经的打工经历会让经营者有更丰富的社会阅历，能够真实地感受百姓日常生活所需，因此预测打工经历对其电商认知行为的影响为正；土地规模越大的经营者越希望能够多渠道扩展销路，越想要去了解电商，以保证农产品能够及时出售，因此预测土地规模对其电商认知行为的影响为正；从事农业工作的年限越长，越能够了解农业生产销售的特点，经验积累越丰富，也越想去了解新技术，因此预测从事农业工作的年限对其电商认知行为的影响为正；本地农产品年销售额越大或许其经营规模就越大，因此预测销售额对其电商认知行为的影响为正；注册商标的经营主体往往其生产经营更加规范，更具有知识产权意识，想要扩大商标的知名度，光靠线下推广是不够的，从事电商就是一个很好的线上推广手段，因此预测商标注册对其电商认知行为的影响也为正。

2. 外部因素

在外部因素中，主要选取政府补贴和电商培训次数这两个因素来进行分析，因为这两个因素一个是从资金方面对农业经营主体进行支持，另一个是从知识培训方面对农业经营主体进行支持。具体来看，政策扶持不仅可以让经营主体得到资金的直接支持，还可以让其看到国家对电商的支持，了解电商未来的发展方向，增强对电商的信心和兴趣，促进其接受新的农业技术，因此其影响结果为正。结合现实来看，政府和其他组织近几年来举办的各类电商培训，在一定程度上对经营主体的认知产生了一定的影响，但是由于其内容陈旧、更新不及时，再加上有的培训内容对经营主体的切实所需关注不够，所以并不一定参加的培训次数越多，经营主体对电商的认知程度就越高。

（四）数据说明

对上海市9个郊区的农业经营主体开展了无记名式的问卷调查，总共发放问卷777份，收回有效问卷748份，有效率为96.27%。

## 三、描述性统计

### （一）经营主体及其经营品类

经营主体构成：种养大户 83 人，占比 11.10%；家庭农场 47 人，占比 6.28%；农民专业合作社 514 人，占比 68.72%；农业企业（公司）104 人，占比 13.90%。

经营品类数量构成：经营单品类的有 529 人，占比 70.72%；经营多品类的有 219 人，占比 29.28%。

经营品类内容构成：有 374 人经营大米类，占比 50.00%；有 282 人经营瓜果类，占比 37.70%；有 297 人经营蔬菜类，占比 39.71%；有 52 人经营禽蛋类，占比 6.95%；有 68 人经营水产类，占比 9.09%；有 33 人经营肉类，占比 4.41%；有 2 人经营工业化菌菇生产类，占比 0.27%；有 1 人经营花卉类，占比 0.13%

### （二）样本主体特征

新型农业经营主体年龄构成：30 岁及以下的有 37 人，占比 4.95%；31～40 岁的有 244 人，占比 32.62%；41～50 岁的有 285 人，占比 38.10%；51～60 岁的有 153 人，占比 20.45%；60 岁以上的有 29 人，占比 3.88%。

教育程度构成：初中及以下学历的有 109 人，占比 14.57%；高中学历的有 248 人，占比 33.16%；本科学历的有 375 人，占比 50.13%；研究生及以上学历的有 16 人，占比 2.14%。

打工经历构成：有过打工经历的有 631 人，占比 84.36%；没有过打工经历的有 117 人，占比 15.64%。

从事农业工作年限构成：2 年及以下的有 48 人，占比 6.42%；2～5 年的有 163 人，占比 21.79%；5～10 年的有 197 人，占比 26.34%；10 年以上的有 340 人，占比 45.45%。

经营土地规模构成：100 亩及以下的有 157 人，占比 20.99%；100～400 亩的有 388 人，占比 51.78%；400～700 亩的有 103 人，占比 13.77%；

700～1 000亩的有47人，占比6.28%；1 000亩以上的有53人，占比7.09%。

### （三）电商行为特征

在所调查的样本中，已经开展农产品电商销售的有304人，占比40.64%；尚未开展农产品电商销售的有444人，占比59.36%。在尚未开展农产品电商销售的人中，不愿意开展农产品电商销售的有125人，占比28.15%；愿意开展农产品电商销售的有319人，占比71.85%。在已经开展农产品电商销售的人中，有自有电商平台销售本地农产品的有145人，占比47.70%；开展农产品电商拿到过补贴的有44人，占比14.47%；认为自媒体渠道更有利于农产品销售的有217人，占比71.38%；认为新零售渠道（盒马鲜生、大润发、叮咚买菜等）更有利于农产品销售的有148人，占比48.68%；认为传统电商平台和公益性电商渠道更有利于农产品销售的人均为129人，占比均为42.43%。

## 四、实证分析

### （一）多重共线性检验

在对样本数据进行回归分析前，先采用方差膨胀因子检验（VIF）来判断变量间是否存在多重共线性问题。VIF检验结果如表2-2所示。由表可以看出，所有解释变量的VIF值均远小于10，说明样本变量间不存在多重共线性问题。

表2-2　总体样本VIF检验结果

| 变量 | VIF |
| --- | --- |
| age | 1.44 |
| edu | 1.38 |
| workpt | 1.02 |
| land | 1.08 |
| wyear | 1.26 |

续表

| 变量 | VIF |
|---|---|
| sales | 1.41 |
| brand | 1.38 |
| sub | 1.02 |
| tra | 1.18 |
| 平均 VIF 值 | 1.24 |

注：变量含义见表 2-1。下同。

### （二）平行性检验

进行有序多分类 Logistic 回归的前提是各解释变量对于被解释变量的影响在拆分的 $n-1$ 个二项 Logistic 回归模型中都相等，可采用平行性检验来确定样本是否满足这一前提条件。平行性检验结果如表 2-3 所示。由表可以看出，平行性检验的显著性较高，所以接受原假设，即位置参数（斜率系数）在各个响应类别中相同，总体样本满足平行性检验。

表 2-3　总体样本平行性检验结果

| 模型 | -2 对数似然 | 卡方（$\chi^2$） | 自由度 | 显著性 |
|---|---|---|---|---|
| 原假设 | 915.99 | | | |
| 常规 | 898.193 | 17.797 | 25 | 0.851 |

### （三）总体样本回归结果与分析

接下来运用 STATA15.0 软件对总体样本进行有序多分类 Logistic 回归。回归结果如表 2-4 所示，表内分别列出了每一解释变量的参数估计、标准差、$Z$ 统计量和 $P$ 值。

表 2-4　总体样本的有序多分类 Logistic 回归估计结果

| 变量 | 估计系数 | 标准差 | $Z$ 统计量 | $P$ 值 |
|---|---|---|---|---|
| age | -0.158 9 | 0.108 5 | -1.46 | 0.143 |
| edu | 0.516 9 | 0.133 1 | 3.88 | 0.000*** |
| workpt | -0.061 6 | 0.233 4 | -0.26 | 0.792 |
| land | 0.040 5 | 0.081 3 | 0.50 | 0.619 |

续表

| 变量 | 估计系数 | 标准差 | $Z$统计量 | $P$值 |
|---|---|---|---|---|
| wyears | 0.052 9 | 0.098 1 | 0.54 | 0.590 |
| sales | 0.182 7 | 0.057 7 | 3.17 | 0.002*** |
| brand | 0.597 0 | 0.211 9 | 2.82 | 0.005*** |
| sub | 1.003 8 | 0.352 1 | 2.85 | 0.004*** |
| tra | 0.629 6 | 0.102 4 | 6.15 | 0.000*** |

注：***、**、*分别表示在1%、5%、10%水平下差异显著。

总体来看，该模型的$P$值为0.000 0，因此该模型具有统计学意义。具体来看，各变量中大多数变量的估计系数都能在1%的水平下显著，但是年龄、打工经历、土地规模和从事农业工作的年限不显著。在内部因素中，文化程度变量的估计系数为0.516 9，且在1%的水平下显著，与预期的方向一致，说明文化程度越高，越容易接受新的农业技术。本地农产品年销售额变量的估计系数为0.182 7，且在1%的水平下显著，与预期相符，说明年销售额越高，农业经营主体越想去了解新型经营模式，通过混合经营来继续扩大自己的销售渠道。商标注册变量的估计系数为0.597 0，且在1%的水平下显著，与预期方向一致，说明注册商标的经营主体越想去了解电商，从而通过新型销售模式来尽可能发挥商标的真正效用价值。而年龄、打工经历、土地规模和从事农业工作年限变量的估计系数均不显著，说明上海农业经营主体的年龄、以前是否有过打工经历、土地经营的规模和从事农业工作的年限均对电商的认知没有显著影响，与预期存在一定偏差。

在外部因素中，政府补贴和电商培训次数均在1%的水平下显著，说明政策的资助会助力提高农业经营主体对电商的认知度，从而让经营主体尝试从事电商经营，进而获得政府补助，再促进其扩大电商经营，以此形成良性循环。电商培训次数也会提高农业经营主体的电商认知度，说明组织相关培训能有效激励农业经营主体接受新的营销方式。此外，在开展电商销售的经营主体中，有85.96%的农业经营主体认为电商培训实用，说明相关政府应加大对农产品电商的宣传和培训，以实践为抓手，让农民搭上"互联网+"的发展快车。

## （四）个体样本回归结果与分析

不同类型的农业经营主体，由于其在经营方式和经营规模等方面存在差异，因此其对电商的认知也存在差异。为此，将总体样本按照其类型分为种养大户、家庭农场、农民专业合作社和农业企业（公司）四大类，分别进行 Logistic 回归，以检验不同类型的农业经营主体对电商认知的影响因素有何差异。为便于横向比较，表 2-5 只列出了种养大户、家庭农场、农民专业合作社和农业企业（公司）四类个体样本模型解释变量的系数估计值以及 $P$ 值。

表 2-5 个体样本的有序多分类 Logistic 回归结果

| 变量 | 种养大户 | 家庭农场 | 农民专业合作社 | 农业企业（公司） |
| --- | --- | --- | --- | --- |
| age | −0.709 7* | −1.004 5* | −0.197 0 | 0.471 6* |
| edu | −0.331 9 | 0.495 8 | 0.587 5*** | 0.756 0* |
| workpt | 0.321 7 | −0.173 6 | −0.166 6 | 0.816 1 |
| land | 0.782 7* | 0.523 5 | 0.039 8 | −0.105 1 |
| wyears | 0.096 4 | 0.098 0 | 0.195 9 | −0.220 7 |
| sales | 0.464 3** | −0.425 0 | 0.199 0*** | 0.030 7 |
| brand | 0.634 2 | 1.000 7 | 0.662 6** | 1.412 4** |
| sub | 0.229 5 | −1.989 0 | 1.367 0*** | 0.211 1 |
| tra | 1.134 4*** | 0.725 7 | 0.698 7*** | 0.350 4 |

注：***、**、* 分别表示在 1%、5%、10% 水平下差异显著。

由表 2-5 可以看出，因同一种因素导致不同类型的农业经营主体对电商认知行为的影响有所不同。例如，年龄因素对种养大户、家庭农场和农业企业（公司）的电商认知行为均有显著影响，但对农民专业合作社的电商认知行为影响却不显著。另外，本地农产品年销售额和电商培训次数对种养大户和农民专业合作社有显著影响，但对家庭农场和农业企业（公司）却没有显著影响。

具体来说，不同农业经营主体电商认知行为的影响因素差异可以归结为以下几点：

（1）受教育程度和商标注册情况对农民专业合作社和农业企业（公司）有显著影响，但是种养大户和家庭农场却不受这两种因素的影响。究其原因，可能是因为农民专业合作社和农业企业（公司）都具备企业的属性，其专业分工程度较高，生产经营的目的是追求利润最大化，需要更高学历的人才和外部生产因素来促使其接触新的农业技术，从而提高其市场竞争力。

（2）年龄和政府补贴因素对农业经营主体电商认知行为的影响差异显著。年龄对种养大户、家庭农场和农业企业（公司）具有显著影响，但是农民专业合作社却不受该因素的影响。而政府补贴因素则正好相反，农民专业合作社受政府补贴因素的影响十分显著，而其他经营主体却不受该因素的影响。

（3）是否有打工经历和从事农业工作年限这两类变量的估计系数均不显著。在总体样本回归中也得出了同样的结论，说明对于上海的农业经营主体来说，是否有打工的经历和从事农业工作的年限均不会对农业经营主体的电商认知行为产生显著影响。

（4）本地农产品年销售额和受电商培训的次数对种养大户和农民专业合作社均有显著影响，而对家庭农场和农业企业（公司）却没有显著影响。土地经营规模只对种养大户有显著影响，分析其原因可能是：当种养大户专业化水平和生产经营达到一定规模后，土地规模越大、销售额越大，就会促使其想要拓宽销路，开辟新的销售渠道，从而越想去了解电商，而电商培训次数增加恰好使其对电商有了更加全面的了解。

## 五、结论与建议

由于本地农产品销售额和商标注册这类内部因素以及政府补助和培训次数这类外部因素对经营主体总体的电商认知行为的影响是显著的，但是针对不同类别的经营主体的影响差异较大。这说明内部因素和外部因素共同促进着新型农业经营主体的电商认知行为，在提升农业经营主体电商认知水平的过程中，不仅要让农业经营主体"自下而上"地主动开展，还要依靠政府"自上而下"地积极推动。

打工经历、从事农业工作的年限以及土地经营规模对新型农业经营主体总体的电商认知行为不会产生显著影响,但是土地经营规模会对种养大户产生显著影响。这说明新型农业经营主体的个人经历并不会对其电商认知行为产生显著影响,但是针对种养大户,应当促进其土地流转扩大经营规模,进而推动其提高电商认知水平。

农民专业合作社和农业企业(公司)的电商认知行为强于种养大户、家庭农场这类规模较小的新型农业经营主体,且其受个体文化程度和商标注册的影响较为显著,但是小规模的新型经营主体受年龄和培训次数的影响更为显著。所以政府在推进农产品电商培训时,应该针对不同的经营主体采取不同的模式,针对规模较小、电商认知行为较弱,但是受培训次数影响更为显著的新型农业经营主体采取重点培训,以提升培训效率。

基于以上的问卷调查以及实证分析得出的结论,特提出以下几点建议:

一是实施农产品电商的精准培训。针对不同的经营主体开展差异化、针对性强的培训。对于种养大户、家庭农场这类规模较小的新型农业经营主体电商认知不如大规模经营主体的现象,应针对规模较小的新型农业经营主体采取"集中授课+参观学习+交流对接"的培训模式。此外,应充分盘活高校科研院所及相关电商企业的资源,加大对新型农业经营主体的农产品电商人才培养。

二是加大政策扶持力度,引导新型农业经营主体积极引进电商人才。应多渠道整合资金,加大对新型农业经营主体从事电商的财政扶持力度;加快培养新型农业经营主体的品牌意识,提高农产品品控水平和商品化程度,提升农产品质量与市场竞争力。同时,应引导合作社和农业企业引进专业的电商人才,特别是将具备条件的返乡农民工、大学生、退伍军人等群体吸纳进人才队伍,以源源不断地为农产品电商发展输送新鲜血液。

三是加快推进土地流转,促进适度规模经营,为农产品电商发展夯实基础。

四是完善农产品电商的信息共享机制,促进高质量电商平台与农村基层电商的融合,以优化农产品电商服务体系,畅通农产品供应链。

# 第三章　上海金山区农产品电商发展概况

## 一、基本概况

2020年，金山区农村常住居民人均可支配收入达到3.3万元，较"十二五"末提高54.5%，年均增长9.1%，高于本区居民人均可支配收入年均增长率0.9个百分点。金山区农业产业加速融合，保障优质农产品稳定供给成效显著，财政投入优先保障制度更加完善，全区农林水事务支出由13.4亿元增至48.7亿元，年均增速超过30%。金山区以国家新型职业农民激励计划试点区建设为契机，全面推进新型职业农民培育工作，组建了14所农民田间学校，创办长三角毗邻地区职业农民研修班，已累计培育新型职业农民3 768名。

为促进金山区农产品电商发展，2017年金山区政府注册"金山味道"搭建区级农产品电商平台，现由第三方公司文旅集团运营，处于亏损的状态。自2020年以来，区政府鼓励合作社利用直播、小视频传播的形式，形成以宣传为主、带货为辅的模式开展工作。农产品电商线上销售主要以蔬菜瓜果、大米为主，营业额约有几千万元。除了各个合作社主体自己的线上运营，区和镇也在尝试合作社联合的形式，目前区级有一个农联会，吕巷镇有一个峰会。张堰镇的"森活百家"公众号，也在做线上销售和直播。据不完全统计，金山区参与到线上的合作社有60家左右，其中以微商、朋友圈等线上渠道为主，销售规模在10万元到20万元的居多。其他渠道销售量较大的合作社较少，以最初在淘宝上开淘宝店开展线上蔬菜销售为主，截至2022年初，线上销售规模达到四五千万元。

为开拓精品草莓销售市场，金山区七家种植户以"鑫品美"草莓品牌为基础联合创建了"鑫品美农产品"微信公众号和小程序，并做线上推广，重点打造线上销售新模式。2020年，金山区农业技术推广中心、区农业科技教育信息中心、区农联会等正式组建"金山鑫品美草莓产业联盟"，成员发展至24家草莓种植合作社。截至2022年初，7家合作社线上草莓销售额达100多万元，该公众号农产品销售总营业额在280万元左右。

## 二、举措与成效

金山区积极为高素质农民提供信息化宣传推广和服务支持，搭建展示舞台和平台，带动农民在宣传展示方面开展多样性推广活动。2021年初，金山区农业科技教育信息中心在线上搭建"金山味道""鑫品美"农产品直播间，利用"金山味道"微信视频号进行直播带货和开展各类农产品知识讲解小课堂，让高素质农民直接参与直播间并掌握直播带货销售技能。直播间每周二、周四开展直播小课堂活动，从4月第一期的草莓小课堂、第二期番茄小课堂到室内直播扩展到金山区网红胜地汇龙湖公园进行室外卖播，与消费者近距离接触，效果非常显著；随后又在每次市区地推活动时，进行现场直播，让顾客切实感受地推销售的火热。截至2022年初，"金山味道"已直播20场，30名农民参与，并带来了2 000多粉丝的关注和约4万元的销售额。通过直播，提升了上海新农人的思想境界和营销技能，为金山区优质农产品打开了新的销售渠道。

为了加大推广"金山味道"抖音号、微信视频号的公众关注度，鼓励并征集农民随手拍视频，在平台上展示关于高素质农民的风采、金山优质农产品等金山三农相关短视频，以此来提高大众认知度、熟识度。金山区农业科技教育信息中心联合金山区农业技术推广中心、金山区农联会着力推进优质农产品产销联盟建设，以"金山味道"为区域性品牌，以金山区农业技术推广中心申请注册的"鑫品美"品牌加盟户为主体，组建了金山区鑫品美农产品产销联盟。此外，金山区还通过引导规范管理，提高组织化程度，优化整合全区优质农产品种植、服务、销售产业链资源，打造种、产、销一体化农业产业服务新模式，并搭建"鑫品美"农产品微信小商城，以销售带动农民。截至2022年初，通过线上线下、直播带货、多平台分销、大平台供货等形式，联盟累计完成销售额达到200余万元，推动产业增效、农民增收。

金山区农业科技教育信息中心对接市委党校、长宁区政府、金山区政府、中国人寿、上海太保集团、徐汇社区等政企、社区平台，制定地推活动规则，逐步实现了农户学会自发组织前往开展线下销售目标。此外，金山区还推动全区高素质农民适应时代发展需求，大力促进本地农产品销售，而且推广活动吸粉无数，推出的团购二维码，以及在各政企、社区量身定制团购二维码，通过扫码下单、简易包装、固定每周四统一送货，做到了从田间地头直送顾客手里，去除了中间所有的成本，以田间直供价给消费者，真正把实惠带给了客户。同时，也为金山本地农民提供了一个交流合作的平台，并为金山区农产品销售的转型打开了一条通道。截至2022年2月，金山区共进行了18场地推、6次二维码团购活动，实现销售额约25万元。

## 三、存在的问题

**一是区级公共电商平台营销难，缺乏专门负责销售的专业人员。**2012年，金山区专门成立农联会，并与1号店合作，专门开设了金山馆，政府投了一大笔钱，但是销量不大。此后，多次尝试由政府组织开展线上销售，反复失败。通过总结经验教训，大家普遍认为电商平台建设还是需要第三方专业的营销公司及团队来运营。

**二是与第三方电商平台合作较少，多数品种竞争优势弱。**在销售草莓的过程当中，曾与叮咚买菜总部对接并签约。由于草莓的市场较大，整个上海市的草莓供应量不能满足叮咚买菜的需求。从采购的角度来看，草莓不耐运，颠簸易坏，对保鲜及运输要求高，相对于长途（约30个小时）运输的丹东草莓来说，地产草莓更具优势。而葡萄、小番茄等地产农产品的竞争优势相对较弱，并且单个合作社超过百亩以上的种植面积就很难管理，扩量意味着品质也会下降；并且要适销对路，依据供给渠道不同，需要对草莓分级，普通果走量，大果走礼品装销售，中果供应盒马鲜生和叮咚买菜。

**三是农产品缺乏标准化管理，品质难把控。**在农产品电商销售过程中，最难的就是品质把控。一方面，高端品牌存在管理瓶颈，例如葡萄，对于一家合作社而言，高品质葡萄的管理规模上线为一两百亩，再扩量品质将会下降，难以满足电商平台的要求，因此，合作社多选择自销。另一方面，农产品的分级存在难题，如小番茄等，品质存在差异，遭到平台顾客投诉较多，相对来说，草莓不用标明甜度等，同一品种、同一气候条件下的草莓成熟后大致都差不多，只看成熟度，对红色草莓以红色部分的面积占比达到80%即可，用成熟度去估测它的糖度。

**四是乡村人才短缺成为农产品电商发展主要瓶颈。** 金山区农村劳动力素质已呈结构性下降，农业生产经营人员老龄化严重，35岁以下仅有5%，受教育程度也普遍不高，初中及以下学历占90%，人才断代现象严重。此外，适应新业态发展的数字农业、电子商务等人才滞后显著，吸引人才的政策不足，引才难、留才更难的问题极其突出。

## 四、未来展望

**一是坚持订单引领的发展模式。** 对于农户而言，种植技术比较容易掌握，但销售是较大的瓶颈。以草莓为例，3分在种植、7分靠销售，平台协助农户销售比批发明显增加了每亩约一万元的收入。对于很普通的农产品而言，挑选出来的精品，以礼盒包装，销售价至少为10元/斤（1斤=0.5千克，全书同），未经分级的普通产品，由箩筐简装，卖给田头的小贩，批发价只有两三元一斤。未来要做的就是把筐里面原来每斤只卖两三元的筛选出一部分卖到5元。发展农产品电商的意义就在于，提升广大农户的增收空间。

**二是建议从全市层面与快递公司签订战略协议，降低农产品电商的物流成本。** 调研显示，在农产品电商的销售过程中，相关经营主体普遍面临生鲜农产品的快递成本高的问题。金山区曾与多个物流公司合作，其中京东相对能保质保量，依据双方曾经签订的协议，对金山区的农产品电商快递打六折，并采取"7+1模式"，即1千克以内7元，每增加1千克加1元。但是，优惠的前提是月销量达到100单，并且涨价明显，每单起步价即为10元，存在不合理现象。例如小皇冠西瓜，消费者不喜欢个大的，原因是拎着较重，并且吃不完将会影响新鲜度及食品安全。如果根据消费者喜好，以总重5斤的2个西瓜包装进行销售，快递成本将会随之增加。目前，金山区水果品类基本设计每单为 5 斤左右，以满足消费者需求为主，快递费至少在 15 元。因此，期待从全市层面与京东公司签订生鲜框架协议，制定降低合作社等快递成本方面的优惠措施，为参与主体共同构建良好的农产品电商经营环境。

**三是建议相关部门完善农产品电商支持政策，不局限于补贴政策。**以"金山味道"运营为例，前期投入运营资本多，但营业额非常少。后来由文旅集团运营后，将线上平台的美工进行提升，但是销量依旧无法实现突破。由区农业农村委补贴 10 万元做"秒杀"活动，热度提升了一段时间，但是依靠销售资金铺渠道毕竟不是长久之计。此外，政府层面举办的节日类活动，产生的效益低，性价比不高，应该尽可能做得少一点。建议政府出面引导有关方面更多地在当地农产品电商和合作社在快递补贴等方面给予直接优惠。

# 第四章　上海新型农业经营主体典型案例

## 一、上海正义园艺有限公司

### （一）基本情况

上海正义园艺有限公司（以下简称正义园艺）成立于1999年9月，注册地为上海市闵行区浦江镇，注册资金1 745.2万元，拥有员工近500人。运营"蔬果生产""冷链配送""电子商务""团膳服务"等产、加、销、储四大板块，各类生产与特约基地10 000余亩，年均生产各类农产品约5 000万吨，年产值约2亿元。正义园艺先后获得"农业产业化国家级重点龙头企业""国家级蔬菜产加销标准化示范区""全国'双学双比'示范基地""全国科普教育基地""全国农业农村信息化示范基地""全国首批生态示范农场"等国家级荣誉，并通过ISO 22000食品安全管理体系认证。

正义园艺先后创建了"天寿""侨嘉"两大品牌，其中"天寿"商标曾被评为上海市著名商标和上海市名牌产品，"天寿"牌的番茄、辣椒、茄子、黄瓜、青菜等7个蔬菜品种通过"绿色食品"认证，占该品牌农产

品的七成，曾荣获 2021 年上海番茄十佳推介品牌。"侨嘉"品牌的葡萄、水蜜桃、草莓、梨均通过"绿色食品"认证，品牌认证率达 100%，连续多年荣获上海市优质葡萄评比金、银、铜或最受市民喜爱奖，是上海市"十大"葡萄品牌、上海市十大草莓特色采摘园。

"天寿"蔬菜主要以直销配送为主、"互联网+"销售为辅，定点向合作超市、学校和企事业单位等配送蔬菜及农副产品近 500 多种，市场占有率为 2.75%～3%。"侨嘉"水果主要以订单农业为主、休闲采摘为辅，在浦江郊野公园、召稼楼古镇等地设实体销售点，同时开拓了电商直播渠道，在闵行本地的高端农产品市场享有较高的声誉。

2021 年，正义园艺蔬菜基地全年累计生产绿色蔬菜 750 吨，侨嘉果园全年累计生产绿色农产品 375 吨，全年开具承诺达标合格证 527 002 张，从源头把好了质量安全关。蔬菜基地先后完成"机械换人"示范点、蔬菜废弃物处理示范点、全国农业信息化示范基地、生态循环农业示范点等方面的建设，并被认定为首批全国生态农场。

## （二）举措与成效

正义园艺紧跟"互联网＋农业"发展趋势，在网络上开展产品销售。开设微信公众号（田头菜市），积极参与各类宣传展示活动，构建"品鉴有展台、电台有声音、采访有视频、微群有响应、朋友圈有点赞"的品牌宣传格局；创立线上平台，让市民可以线上下单，次日自有物流送货到家；组织淘宝直播，将生产端的实景实时直播给消费者，将农产品的高品质真实展现在手机屏幕上。正义园艺在实践中认识到，只有紧跟新媒体时代发展的浪潮，才能始终鼎立于行业前沿，才能与客户保持良好黏性。

正义园艺坚持品牌联动打造，积极加入稻米、蔬菜区域产业联盟，形成了自有品牌与区域公共品牌"闵田悦禾""闵鲜青蔬"的联合矩阵，进而逐渐在全市范围内扩大了品牌影响力。如今，"天寿""侨嘉"逐渐成为闵行人心目中高端农产品的标志，在农产品标准化生产、基地数字化管理、品牌创新推广、互联网销售等方面成为同行中的佼佼者，实现了标准化生产、品牌化发展、电商化销售的"三化联动"。

此外，正义园艺充分利用线上、线下平台，重点展示销售"三品一标"品牌产品。借助"淘宝直播"平台，2021 年累计开展直播带货活动 11 场次，在线观看共计数万人次，累计销售近 20 万元。"正义田头菜市"线上网店平台，销售"天寿"农产品近千万件，年销售额 1 500 万～1 600 万元。正义园艺还积极参与农产品进社区、市区级农民丰收节展示展销、区域公共品牌发布等线下活动，拓宽了地产农产品销售渠道。

### （三）经验与问题

一路走来，正义园艺逐渐成长为闵行区、上海市甚至全国农业行业的龙头企业，并在发展实践中总结出以下四个方面的经验：

一是立足"干"字当头，"实"字为先。"质量兴农""绿色兴农"是正义园艺推动农业品牌建设这艘大船向着农业高质量发展的重要途径，其通过将农业生产工作做实做细，并从内部管理、人才培养、技术引进等方面做实基本功，取得了显著成效。

二是坚持倚"特"而立，向"高"而行。农产品品牌之争，归根结底是"特色"与"高端"的竞争。正义园艺立足本地特色，依托高校及科研单位的科技支撑，凝聚企业力量开发"尖端""高端"农产品，将资源优势转化为经济优势，走出了"走实、拓展、提高"的农产品品牌创新之路。

三是强化"数"字管理，以实现"数"控安全。大数据是品牌农业发展的重要支撑，上海农业"一图""一库""一网"建设是创新农产品品牌的最佳平台和有效保障。正义园艺的物联网、追溯技术等智慧农业建设，让农产品实现了从生产、储藏、加工、运输、销售等全过程的标准化；源头可追溯、流向可跟踪、信息可查询的品牌溯源，让品牌农产品真正发挥出整体品牌效应。

四是融入"网"联时代，真正在"线"上发力。互联网是农业品牌腾飞的翅膀，品牌农业建设需要搭上"互联网＋"的快车。正义园艺针对新型消费群体的需求特点，有针对性地推出特色产品，制定营销策略，及时把握线上经济的发展动向，拓宽了农产品品牌向更多地区的延伸发展。

正义园艺在电商发展过程中也存在以下两个问题：

一是农产品运输的局限性。由于农产品的特殊性，不耐运输，加上自有物流的覆盖面不广，故正义园艺的销售对象目前只针对上海市，大大制约了销售量的增加。

二是自产农产品品类单一。根据直播场次，正义园艺为了保证农产品品质，以自产优质农产品为主，但由于自产农产品集中上市品类少，且供应周期短，导致用户黏性较差。

### （四）未来展望

正义园艺将继续坚持"互联网＋现代农业"的发展方向，并朝着建成产业特色鲜明、品牌效应显著、辐射带动有力、美丽乡村融合、科技水平先进的现代都市绿色农业生产基地的目标不断迈进。

## 二、上海城市蔬菜产销专业合作社

### （一）基本概况

上海城市蔬菜产销专业合作社成立于2004年，现有员工110人，是一家以可持续发展为理念，以农业生产为主导，集规模化、设施化、产业化于一体的产加销一体化农业合作社，业务包括蔬菜和水果种植销售、线上线下企业蔬菜供应链服务、餐饮企业完整食品供应链服务以及生态农业旅游等。

基地主要位于上海市闵行区浦江镇，总占地面积1 051亩，年上市蔬菜约3 200吨，是上海市首批农业部蔬菜标准园。基地常年种植蔬菜、水果、香料品种多达70余个。以工业化管理方式管理田间，采用绿色无公害种植方式，不使用除草剂和生长激素，经过了无公害产地和绿色产品认证，其中的157亩基地还通过了有机认证。

目前经营的蔬菜品种主要分为中式绿叶菜（青菜、杭白菜、鸡毛菜、茼蒿等）、西式绿叶菜（生菜、球生菜等）、根茎类（白萝卜、胡萝卜等）、茄果类（茄子、番茄、玉米等）等常规蔬菜，日上市品种约20个，其中有机蔬菜日上市品种约10个，日均上市量约8吨；经营的水果品种主要为上海特色地产水果，如水蜜桃、蜜梨、葡萄、西瓜、甜瓜等。

浦江基地还建有5 000平方米的大型现代化加工配送中心，自建了完整的冷链物流体系。合作社拥有严格的质量管理和安全监管体系，强化统一监管，检测室配有专业检测人员进行日常监测，切实做到不检测不配送、检测不合格不配送，在种植、加工、包装、储运等各环节上进行质量监控，全流程实施工业化、标准化和信息化的精细管理模式，确保蔬菜在运达目的地时的新鲜、安全。合作社旗下的"城市蔬菜"品牌被认定为上海市著名商标和上海名牌产品，是上海最具竞争力的农产品商标之一，并成为2008年北京奥运会、2010年上海世博会、2011年上海世游赛、2019年上海进博会的指定蔬菜供应商。合作社先后荣获多项荣誉：

2006年上海市农业标准化工作先进集体；

2008年国家级蔬菜配送标准化示范区、上海市知识产权示范企业；

2010年"2010上海世博会"蔬菜生产供应先进单位；

2014年上海市食品安全示范企业、农业部蔬菜标准园；

2015年上海市绿叶蔬菜产业技术体系成果示范中"优秀示范户"；

2016年上海市农民专业合作社示范社；

2018年国家农民合作社示范社、上海首届优质番茄品鉴会金奖；

2021年上海市蔬菜优秀配送企业。

合作社主要销售渠道为线下连锁超市（如盒马鲜生、大润发、欧尚、联华、家乐福、城市超市等）及社区售卖，主要采取订单式农业生产，先后成为盒马鲜生、大润发、欧尚的本地菜指定供应基地和战略合作伙伴。2020 年，在市、区农业农村委的协助下，将健康的绿色蔬菜供应到"绿捷"并配送到学校食堂，为合作社拓宽了新的销售渠道。

（二）举措与成效

2018 年，在互联网迅猛发展的大趋势下，合作社创立了微信线上商城——"到家好菜"直销平台，将自身基地生产的优质农产品从线下搬到了线上，通过自有物流及京东冷链的配送，实现了线上下单、江浙沪地区次日送货到家的目标。除了自产农产品外，"到家好菜"还尽可能地丰富品类，依托成熟的生鲜及食品供应链，满足消费者的需求。有别于传统生鲜电商，"到家好菜"除了提供上门配送业务，还在上海市内设置多个自提点，不设最低消费，并在部分社区安排志愿者帮助一些高龄老人下单配货，为特定人群提供便利。

自 2018 年 6 月"到家好菜"上线，月销售额 0.83 万元，到 2018 年 12 月月销售额增加至 3.2 万元，2019 年线上销售数据持续上涨，平均月销售额增加至 7.7 万元，2020 年 2 月因为新冠疫情的原因对线下售卖产生较大影响，于是合作社大力投入到线上销售配送，线上单月销售额达到了 16.7 万元。从 2018 年 6 月至 2022 年 1 月，"到家好菜"线上累计发展会员 13 287 人，累计订单数 49 184 个，累计销售金额 347 万元，平均月订单数 1 117 个，平均每月销售额 7.88 万元，每月电商销售占比从 2018 年的 0.17% 上升到目前的 16.7%，实现了较大提升。

从"到家好菜"上线至今，累计培训电商运营人员 10 人，并积极参加各级组织的各项专项培训。为了更好地将基地产品展示给消费者及进行科普教育，2020 年 6 月开始进行基地线上直播，目前累计直播 72 次，累计观看 3 万人次，让消费者深入了解了农产品从种植、生产、加工，到配送等的各个环节，并使之切身感受到了"到家好菜"的"让好菜到家"的庄严承诺。

### （三）存在问题

经过 3 年多的摸爬滚打，"到家好菜"创立至今，一直面对不同的问题，并尽可能地去克服与解决，存在的代表性问题主要有以下两方面：

（1）物流配送。由于不同生鲜农产品适合运输的温、湿度存在差异，加上本身不能长期存放，对物流温度和湿度控制、时效性要求较高。随着大型生鲜电商的发展与价格的竞争，消费者对物流配送的时间要求也越来越高，基地直销次日达也较难满足一些消费者的要求。

（2）产品标准化。生鲜农产品是初级农产品，其天然性使得同质化严重，个体形状、品相、口感等不易标准化生产，导致标准化成本较高。因此，生鲜农产品在品质管控、标准化生产管理等方面都需要不断改善和加强。

### （四）未来展望

近两年政府也在推动生鲜电商的发展，比如上海"鱼米之乡"线上平台的建立，通过"鱼米之乡"平台，可以让更多的消费者了解到上海本地地产农产品的优势和购买渠道,从而可以进一步扩大"到家好菜"的消费人群。随着城乡居民生活水平的提高,更多的消费者希望生鲜品类农产品进行消费升级,并且其对特色、高质、安全的生鲜农产品的需求也在不断增加,这也是具有生产基地农业经营者的优势和机会。随着线上经验的积累、新技术的发展、新概念的提出,将会有更强的信息处理能力、更精确的成本控制方法、更优化的运力调配系统,以实现更好的发展。

## 三、上海浦蔬农业科技有限公司

### (一)基本情况

上海浦蔬农业科技有限公司成立于2013年6月,占地面积213亩,拥有标准生产大棚200余栋,有完整的生态农业生产体系,主要种植品种有青菜、生菜、甘蓝等,产品通过绿色食品认证,年产蔬菜800余吨,主要销往配送中心及社区。公司现有管理人员10人,成员以80后为主,其中大专以上文化程度7人,中级农艺师1人。公司与上海市农业科学院、上海交通大学农学与生物技术学院、松江农林技术学院等紧密合作,主持和完成多项科技项目,先后被评为上海市蔬菜标准园、上海市农民田间学校、闵行区科普教育基地。公司注册商标"种动员",通过科普基地活动和休闲农业进行品牌推广,扩大了品牌知名度及农产品销量。

### (二)举措与成效

目前公司通过开通自有微商城及合作平台两种类型的线上销售渠道进行电商销售,其中自有微商城开通4年,积累了部分客户,订单量约1 500单,年销售额10余万元,但合作平台波动较大,年销售额在20万~40万元不等,主要销售产品以时令果蔬为主,如樱桃番茄、草莓等。电商销售额占公司整体销售的10%左右。目前电商销售工作由专人负责,但整体销售额提升不大。

### (三)存在问题

公司在电商销售过程中的主要问题有:一是人员流动性大,通过培养人员和招聘有经验的人员都尝试过，但做的时间都不长就离职了；二是自有微商城流量少，转化率也不高；三是由于电商销售额有限，基本属于保本状态。

（四）未来展望

（1）找到合适的人员合作，实行第三方代运营，同时增加优质的合作平台以提高整体销量。

（2）结合种植生产，打造特色品种，提高品牌认可度。

## 四、上海谷杰粮食专业合作社

（一）基本概况

上海谷杰粮食专业合作社成立于2011年5月28日，注册地位于上海市闵行区立跃路1458号。合作社现有员工25人，土地流转规模达1 880亩。2021年种植水稻1 740亩，种植有"松早香1号"340亩、"南粳46"165亩、"闵粳366"635亩、"松香粳1018"105亩、"秋优金丰"优质杂交水稻495亩，年产稻谷680吨，年可加工销售优质商品大米500吨。2013年合作社获无公害产品认证，2018年经农业农村部质量认证中心认定为"绿色食品"生产种植基地。合作社的水稻生产全程实现了机械化，是闵行区水稻种植面积最大且集粮食产、加、销一体的粮食专业合作社。

合作社紧紧围绕上海都市现代绿色农业建设，以绿色发展引领水稻生产。在秉承"坚持生态优先、坚守绿色生产、坚固品牌意识"办社宗旨的基础上，提出了"精选优质品种、精准良种栽培、精细稻米加工"的品牌打造理念，通过多年来的积极创建，获得了多项市级荣誉。2018年获上海市中晚熟大米金奖，2020年获上海市国庆新大米最受市民欢迎奖，2021年获上海市国庆新大米金奖。而且一直是上海市粮食高质高产示范基地之一。

经过多年的品牌建设，"谷杰"金牌大米在闵行区已具有一定的知晓度。同时自2020年加入区域公共品牌"闵田悦禾"以来，"谷杰"及"闵田悦禾"大米品牌销售率已达到80%，主要以订单销售为主，直接销往各企事业单位。

## （二）举措与成效

目前，谷杰粮食专业合作社主要的线上销售渠道包括："鱼米之乡"、微信公众号推广等，销售订单有200多单，电商销售额占比5%。近几年，农产品电商发展迅速，在引领城乡消费内需、重塑产业结构、促进城乡协调发展等方面起到了重要作用。随着政策的大力支持、市场的日益健全以及社会需求的日渐增长，农产品电商已步入快速发展期，基于平台和农产品品牌优势，为农产品打通从田间到销售"最后一公里"的绿色通道找到了突破口，帮助农产品实现了从田间采摘到现在的网络直销，让多种特色农产品走向了网络销售的快车道。利用微信社交平台、网络直播等高热度的引流方式进行农产品宣传与销售，是当前农产品电商发展的重要手段。

## （三）存在问题

（1）合作社电商人才短缺。谷杰粮食专业合作社工作人员一般文化程度不高，对互联网更是不了解，也没有受过专业的电商培训。在农产品电商快速发展的同时，合作社电商人才缺乏成为限制合作社进一步发展的瓶颈。合作社对于线上销售、平台运行也缺乏相关营销技巧。合作社虽然有很多金牌、优质农产品，但是线上经营的比例低、获益少，电商贡献率有待进一步提升。

（2）电商平台资源短缺。合作社产品在闵行范围内虽小有名气，但如需要进一步拓展，势必要借助电商的力量，但目前合作社缺乏雄厚的资金支持，无法参与热门的电商平台并保持搜索排位靠前。

## （四）未来展望

（1）重视农产品电商人才培训。人才是发展的核心驱动力，受训人员可包括职业农民、基层合作社工作人员等，培训应结合农产品营销、农业科技、政策法规、农村金融等富有针对性的内容，帮助农民了解电商发展现状，教会他们掌握物流、采购、支付等关键环节的具体操作方法。

（2）加强信息化管理。一方面政府应帮助搭建电商销售平台，引入社会力量支持农产品电商发展，如帮助农村电商企业加强与物流、冷链运输、大型餐饮企业之间的联系等；另一方面，政府应引进互联网的先进技术，及时分类和传递信息，促进农产品的销售与购买。

（3）继续加强自身品牌化建设。通过维护电商销售队伍的稳定等措施，努力提高品牌化大米销售率，力争把品牌大米销售率提升到 100%，同时逐步提高电商销售占比，力争电商销售份额占到 20%。

## 五、智耕股份有限公司

### （一）基本概况

智耕股份有限公司是一家从事高科技农业的公司，从 2009 年起，即深耕于新品雷竹笋引种进"沪"的创新探索。经过多年努力，攻破了土壤改良、种株驯化等一系列技术难关，让雷竹笋克服了"水土不服"，成功培育出大量适应上海本地的优质雷竹种苗，并实现了量产。目前雷竹笋种植面积达到 318 亩，已全部通过有机认证，其中，118 亩已进入丰产期，亩产量约达到 1 500 千克；200 亩处在培育期，预计 2 年后产出。2015 年，公司注册了"智耕"农业品牌商标，着力打造智耕牌有机雷竹笋。目前主要销售渠道是商超、叮咚买菜、盒马鲜生电商平台等。

智耕股份有限公司从事雷竹笋生产十多年以来，积累了丰富的经验和核心技术，2019 年被评为高新技术企业，2020 年被评为上海市蔬菜标准园，2021 年被评为上海市优秀蔬菜生产基地。

### （二）举措与成效

"智耕"牌有机雷竹笋近几年的主要销售渠道是叮咚买菜、盒马鲜生、上膳源、清美、永辉超市及线下配送等，销售额为 400 万元。电商销售额占 40% 左右。沪产"智耕"牌有机雷竹笋近几年在电商平台受到越来越多客户的认可和青睐，实现了"早上在田头，晚上在桌头"，而外地的笋到市民餐桌一般需 3~4 天，所以鲜、嫩是"智耕"牌雷竹笋的竞争优势。随着市民消费方式的改变，电商销售量也持续上涨，有机雷竹笋产品供货渠道未来在电商销售上的占比也会越来越大，智耕股份有限公司也将根据未来发展的必然趋势，培训、储备大量电商人员。

## （三）存在问题

近几年电商销售存在的问题，主要有以下几点：

**一是订单数量不稳定，即平台需求数量不稳定，忽多忽少**。当订单量少时，包装配送人员闲置，配送物流成本不减，有时订单额都不抵物流费；订单量大时，包装配送人员紧缺，临时增加包装人员未经正式培训，影响产品包装品质。

**二是农产品质量标准不统一**。电商为了提高销售数量，往往要求美化农产品外观形象，但是各家企业或平台对产品的要求又不统一。①叮咚买菜平台有机雷竹笋要求以保鲜袋包装，要求到消费者手上的重量不得低于500 克/袋，且要求老根全部切除。由于雷竹笋产品特性，老根切除后水分流失较快，因此，为了保证重量，在包装时一般为520 克/袋，这样才能保证到客户手里达到500 克/袋；②盒马鲜生平台要求雷竹笋以网兜包装，水分流失更快，供应损耗很大，因此在包装时一般要称重到530 克/袋以上，方能保证到消费者手上的重量达标，而且网兜包装很耗费人工，相比叮咚买菜包装耗时更长，并且验货时稍有不慎就会面临全部拒收、退货。实际中，虽然销售价格提高了，但是剔除损耗和人工费，效益并不见提高，而如果供应给线下实体超市，以散装方式供货，不需要切太多根，按照实际重量计算，还可能更划算一些。

## （四）未来展望

未来新建 200 亩有机雷竹笋出产后，产量将再提高 2～3 倍，智耕股份有限公司应提前做好扩大电商销售渠道的前期准备工作，并高度重视产品保鲜、包装、物流、订单对接等重点工作，以保证每份出库有机雷竹笋的品质，让更多的客户满意、放心。

# 六、上海亮苗稻米专业合作社

## （一）基本概况

上海亮苗稻米专业合作社成立于 2006 年。合作社多年来遵循"开拓、创新、求实、严谨"的精神，形成了生产、标识、销售一体化的完整管理体系，规模不断扩大。从最初几人，发展到现在十几人；种植面积从最初 100 多亩发展到现在将近 800 亩，亩产量达到 450～500 千克/亩；销售从之前以卖稻谷为主，到现在以卖大米为主；品种从之前的单一化，发展到现在的品种多样化，有闵粳 366、南粳 46、松早香 1 号、秋优金丰等不同品种，满足不同层次消费者需求。2008 年合作社注册"亮苗"商标，2014 年获得绿色认证。

一分耕耘一分收获，亮苗大米近些年获得的奖项如下：

2018 年荣获上海市早熟稻评选金奖；

2018 年荣获全国第 19 届绿博会金奖；

2019 年荣获上海市中晚粳评选金奖和最受市民欢迎奖；

2019 年荣获全国第 20 届绿博会金奖；

2020 年荣获全国第 21 届绿博会金奖；

2020 年荣获上海市早熟稻评选最受市民欢迎奖；

2021 年荣获上海市早熟稻评选铜奖；

2017 年和 2021 年荣登央视。

## （二）举措与成效

随着网络购物的流行，合作社探索线下和线上相结合的模式打造电商销售渠道，之前顾客以上海居多，自从电商开启后顾客发展到全国各地。

2020 年 5 月初，合作社进驻拼多多商城开设"亮苗食品"官方旗舰店，7 月达到销量高峰期，单款大米月销量达到 1 000 余件，好评率 100%。

2020 年 7 月初，合作社又在京东商城开设了"亮苗"旗舰店，9 月新米上市，销量一路上升，顾客遍布全国各地，好评率依然是 100%。

2021 年合作社加入"鱼米之乡"平台，在 9 月新米上市期间，"鱼米之乡"参加金秋展，"亮苗"大米销量稳居第二，获得此次金秋展亚军。

2022 年 1 月，合作社参加"鱼米之乡"年货节新春大联展，大米销量稳居第一，获得顾客广泛好评。

经过一年多时间在电商领域的摸索，电商销量慢慢提升，电商销售额从几万元增长至近 20 万元，电商销售占比逐步提升。电商发展速度快，电商相关人员也在不断学习，大家在摸索中积累经验，在积累经验中不断实现创新。

"亮苗"品牌随着电商的发展，越来越响亮，现在消费者更多的是关注"亮苗"电商平台，通过比价购物，对消费者来说是受益，但对生产者来说能增加消费群体，而且电商将来一定会逐渐占据主导地位。

### （三）存在问题

虽然电商发展前景很广，但是农产品电商也存在着一些不足。

首先，专业的电商人员不足。电商需要配客服、运营和美工等相关人员，可是目前农业企业等经营主体没有相关的专业人员，而且专业的电商人员工资高，农业企业等资金有限，所以不好配置更多的专业电商人员。

其次，物流费用高。电商需要物流快递，但大米比较重，物流费用比较高，无形中增加了大米成本，导致电商销售的大米利润很低。同时快递途中也会有破损等问题出现，再次增加了物流成本。

最后，知名度不高，竞争力不强。目前电商东北大米、苏北大米，以及上海崇明大米的知名度较高，而"亮苗"大米知名度有限，加上物流费用、人员工资等，导致"亮苗"大米价格竞争力不强。

### （四）未来展望

虽然目前"亮苗"大米电商销售遇到一些难题，但是依然阻挡不了企业前进的步伐。电商前景广阔，将来"亮苗"线上销售会逐步代替线下销售，加上政府的支持，相信未来"亮苗"电商会发展得越来越好，知名度逐渐提升，"亮苗"大米一定会走进千家万户！

## 七、上海永大菌业有限公司

### （一）基本概况

上海永大菌业有限公司成立于2004年10月，是一家集食用菌种植、生产、加工和销售于一体的专业企业。公司严格按照卫生商检及质量要求，设计、建造标准化食用菌种植及生产加工车间，拥有一系列先进制菌、养菌、出菇等种植设备，同时配备了先进的加工、保鲜、冷藏及包装流水线等设备。目前公司经营的产品包括蔬菜以及食用菌保鲜、干制、冷冻品等系列，常年供应香菇、木耳、姬菇、灰树花、杏鲍菇、秀珍菇等干、鲜产品。经过近十年的发展壮大，目前公司产品已大量配送至麦德龙、乐购、世纪联华、卜蜂莲花、大润发等国内大型连锁超市，同时又与湾仔码头、顶新集团、金宝汤、肯德基、福建龙和食品、大连新世纪食品等国内诸多知名食品加工企业建立了稳定的产品供应关系，出口产品远销东南亚及欧美市场。近年来，随着新零售消费模式的兴起，公司也与盒马鲜生、叮咚买菜、美团等新零售平台建立了战略合作关系，销售业绩逐年稳步提升。

"永大菌业"合作伙伴

（图片来源：上海永大菌业有限公司官网）

上海永大菌业有限公司拥有一支技术核心研发团队，建有菌种研发和栽培试验中心，除了重视技术研发和种质资源创新外，还积极与国内外科研单位开展紧密的技术合作，在优良菌株培育、扩繁、栽培、保鲜及冷链物流等方面着力攻关，形成了多项技术成果，提高了食用菌栽培的产量及品质。

公司全面推广绿色安全的栽培模式，原料均来自商检备案的栽培基地，产品从原料基地到终端客户全程监控，实行履历追踪管理制度，严格按照食品安全法的相关规定进行生产、加工，以良好的品质保证食用菌产品的安全、健康。公司通过了 HACCP 质量体系认证审核，公司产品先后获得"绿色农产品""有机认证农产品"等认证。另外，公司被中国食品土畜进出口商会评为"AAA级信用企业",被上海蔬菜行业协会评为"蔬菜质量诚信企业",被中国出入境检验检疫总局评为"质量诚信企业"。2011年至今,公司已连续多年被评为"宝山区农业产业化龙头企业"和"上海市农业产业化龙头企业"。2019年公司的菌菇产业园获评农业农村部"乡村振兴示范基地"和"一村一品"栽培基地。2021年,公司获得上海市高新技术企业和上海市科学技术进步奖一等奖,被农业农村部认定为2021年农业国际贸易高质量发展基地和全国农村创业创新典型企业,同时也被评为上海市乡村振兴先进集体。

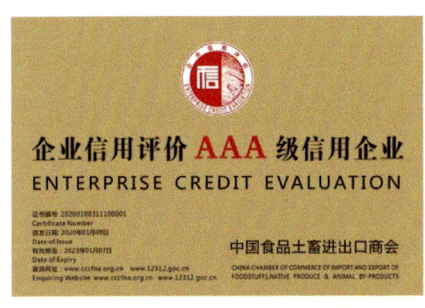

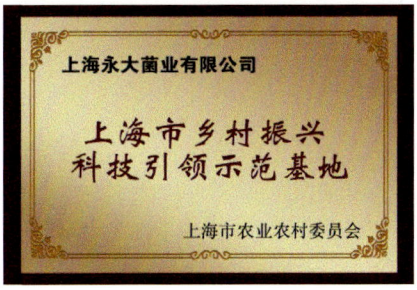

"永大菌业"荣誉证书

(图片来源:上海永大菌业有限公司官网)

## (二)举措与成效

面对国内日渐成熟的电商平台,上海永大菌业有限公司意识到未来的国内农产品消费市场必然进一步扩大容量,而线上销售必将是其中最重要的赛道。因此,公司从保障周年供应、研发新品种、强化品牌建设等方面制定了新的发展规划,以适应电商渠道的供应需求。

**一是调整供应链结构,保障周年供应。** 公司一方面不断扩大全国栽培基地的布局，通过"候鸟式"培育保证供应链的稳定；另一方面为进一步提升产品质量，降低生产成本，公司制定了在上海建设新种植园区的计划，通过将多年的自主研发经验与国外引进的先进技术相结合，最终成功建设了全新的工厂化菌菇生产园区，攻克了高耗能的工厂化种植难题，为食用菌周年化供应提供有了强有力的保障。

**二是重视核心技术攻关，加快新品种研发**。在工厂化试验中，上海永大菌业有限公司科研团队发现，市面上原有的食用菌品种无法满足工厂化的种植需求，于是下定决心培育自己的新品种。通过无数次的尝试，最终杂交培育出平菇新品种"永姬 1509"和灰树花新品种"永大 1 号"，且这两个品种均于 2022 年 1 月通过了上海市新品种认定。实践证明，新品种不仅更适应工厂化种植模式，商品等级也较之前更高，同时还具有能消化宝山区秸秆、树枝等农林废弃物的特点，为宝山区秸秆离田率达到全市前列做出了贡献。

"永大菌业"种植基地

（图片来源：上海永大菌业有限公司官网）

**三是深挖本地文化，强化品牌创建**。上海永大菌业有限公司大力推广"一村一品"等本地农产品的文化符号，并将文化的概念注入"珍菇园"品牌的内核。公司制作了永大菌业配送物流车的平面流动广告，增加了食用菌品牌在大众视野内的曝光度。同时，摄制了食用菌品牌纪录宣传片，全方面展现了绿色现代化种植的流程，并积极宣传绿色现代化农业栽培理念，增强了消费者对区域菌菇产品的信心。同时，还聘请了专业的品牌设计师，根据企业食用菌品牌专门设计了全新的产品包装、产品标签等。通过将"一村一品"等文化概念融入新包装中,从而进一步提升了产品的文化内涵,加深了消费者对本地农产品的好感度,2021年公司自主研发的舞茸也上榜2021中国优质农产品秋季榜单。此外,公司积极参与各类农产品展销会,如中国国际农产品交易会、中国农民丰收节上海庆丰收大展示等,向消费者展示丰富多样的食用菌产品。丰富多样的活动获得了参与者的良好评价,"珍菇园"获得2020年庆丰收农展会受欢迎农产品的荣誉。另外,公司与专业团队共同策划网络推介活动,如在谷歌、百度等搜索引擎和知名门户网站上做关键词、广告展位和链接交换等,并通过合理分析关键词价位、迎合广大线上消费者,适时投放广告,拓宽品牌影响力。通过以上有效措施,以高产出、高质量为标志的永大"珍菇园"品牌价值效应持续放大,有机菇成为盒马鲜生等中高档生鲜渠道品牌的最大供应商。

"永大菌业"农产品

(图片来源:上海永大菌业有限公司官网)

## (三)存在问题

农产品电商交易环节过于复杂,经过采摘、包装、存储、运输等多个环节,一般农产品的损失率达到30%左右。而食用菌不同于其他农产品,除了需要保证新鲜度外,还要避免挤压变形等,这些对物流配送条件、配送速度等提出了严格要求。另外,多年前公司虽建设了一定的冷链物流基础,但是面对后疫情时代下市场的不断扩容,公司现有的物流配送亟待升级改造。此外，公司在电商产品开发和商业模式创新等方面还应进一步加大力度。

### （四）未来展望

**一是在冷链物流上。** 公司计划将在全国除上海以外的其他城市布局，拟建设新的物流配送点，以满足更专业化、标准化的全国电商渠道布局，届时，公司冷链物流配送服务将实现品牌化。

**二是在电商销售产品品类上。** 公司将在现有的数十个 SKU 的基础上进一步开发新产品，以满足消费者的求新、求变需求，同时积极扩展农产品的精深加工。

**三是在商业模式上。** 公司将夯实原有的电商渠道合作，为消费者提供优质农产品，同时将在短视频赛道发力，积极拓展品牌影响力，打造新农人的新时代新形象。

## 八、上海翼农果蔬专业合作社

### （一）基本概况

上海翼农果蔬专业合作社是宝山区供销合作总社委托下属农资公司于 2007 年创办的一家农民专业合作社，也是《中华人民共和国农民专业合作社法》颁布后宝山区成立的第一家专业合作社，是上海市首批蔬菜标准园，是上海蔬菜食用菌行业协会理事单位，通过了无公害认证和良好农业规范认证（GAP）。上海翼农果蔬专业合作社 2012 年被评为"上海市农民专业合作社示范社"、2013 年被评为"上海市蔬菜标准园"。合作社总占地面积 16.07 公顷，其中蔬菜种植面积 8.67 公顷，年生产蔬菜 1 055 吨，蔬菜品种有 30 多种。合作社始终坚持"销售创新、突出服务"的经营理念，其蔬菜种植直销配送模式被列为上海市标准化示范模式。该模式实现了农场和消费者之间的无缝对接，提供了安全优质和价格亲民的农产品。合作社的蔬菜产品采用会员制销售形式，积累了直销配送方面的经验。另外，合作社的生产计划紧密与会员需求相结合，配合农业生产的专业经验，生产上市当季蔬菜。

## （二）举措与成效

**一是拓宽销售渠道，提高整体利润。**2017年，上海翼农果蔬专业合作社开通了电商平台，创建了微店进行线上销售。2020年合作社的淘宝店"源味门"和微信小程序订菜服务上线，确保新冠疫情期间蔬菜供应不间断。截至2022年1月，合作社微店共成交178笔，销售额14 179元。通过电商平台的媒介、宣传、推广，使合作社优质农产品被更多消费者所了解。近年来，合作社的网络销售比例逐年提升，产品远销全国各地，前景十分广阔，尤其对于合作社的获奖产品，通过互联网的推介，使很多消费者所熟知，大大提高了合作社的知名度，增加了合作社的销售额。同时，新型销售方式使购物更加方便、快捷，迅速发展的快递业解决了传统购物由于空间距离带来的不便，新型销售方式与快递业的结合带动了合作社整体利润的增长。

"翼农果蔬"的淘宝店和微信小程序界面
（图片来源：淘宝网站和微信公众号）

**二是重视蔬果质量，确保产品安全。**早在2011年，上海翼农果蔬专业合作社就全部实现了蔬菜无公害产品认证，建有独立的农药残留检测室，对每一批次的出厂产品进行全部检测，确保所有蔬菜产品均达到无公害质量标准。如今，合作社更是始终将"安全"和"新鲜"贯彻在生产、加工、流通的各个环节，确保消费者所购买到的都是安全放心的农产品。

### （三）存在的问题

**一是人员问题**。随着经济的不断发展，越来越多的年轻人不愿意从事农业。目前合作社的务农人员多数是五六十岁的老人，他们受自身知识水平的局限，导致生产规模较小，农产品产量不高，市场竞争力偏低。

**二是销售渠道问题**。从目前合作社各销售渠道的所占份额来看，宝山长滩社区、宝山体育局、宝山法院、宝山检察院等社区和单位配送的份额仍为合作社销售份额的极少部分，且呈下降趋势。江杨农产品市场、商超及散户的销售额占比最多，但合作社的利润相对较低，尤其是商超，其入场费相对较高，且受商超本身节日、店庆等因素影响，合作社的利润相对较少，但客源稳定的商超对合作社的销售收入有较为稳定的贡献，目前合作社面临的难题是成功进入到各大商场并取得较为丰厚的利润。

**三是土壤修复问题**。合作社种植区域内的土壤盐渍化和酸化现象较为严重，有害物质积累较多。在蔬菜种植过程中，细菌、真菌、放线菌是最主要的土壤微生物，对农业生产有重要影响。但在现阶段的生产过程中，由于长时间的塑料大棚种植，导致土壤中的细菌、真菌迅速繁殖，从而造成放线菌数量下降，土壤病虫害迅速传播，导致蔬菜产量明显下降。

**四是设施设备问题**。合作社大棚更新换代慢，新设施、新技术的引进和运用均跟不上国内先进水平，且经常简单照搬外地模式，没有根据合作社的自身情况进行优化和改进，导致合作社的现代化设施与设备结构不牢、性能不优，抵御自然灾害的能力较差，特别是寒冬季节，蔬菜价格最高、效益最佳时，合作社生产的蔬菜品种单一且不能实现最大化产出，导致合作社总体效益不佳。

### （四）未来展望

近年来，由于劳动力流失、设备老化、生产技术落后以及农业补贴逐年减少等因素，合作社发展进入了瓶颈期，并于2020年首次出现了亏损。因此，合作社的改革发展到了必然时期，探索大都市近郊农业的产业提质之路是合作社今后的重要工作。为此，2020—2021年，合作社主要负责人在罗泾镇和罗店镇进行了考察，最后决定在罗店镇毛家弄村创建智慧农业科创园（即翼农3.0版基地）。合作社对于新基地的创建具有如下规划：

**一是发展高质高效现代农业**。具体发展以下几项关键技术。①无土栽培技术。以椰树壳为基质，定植以后用营养液进行灌溉，有效防止污染土壤及土壤盐渍化，充分满足农作物对矿质营养、水分、气体等环境条件的需要，具有省水、省肥、省工的优点。②水肥一体化灌溉技术。采用先进的全自动控制程序，根据农作物种类的需肥规律和特点，将可溶性固肥或液肥与滴灌水一起通过可控管道定时定量、分区分段对作物进行施灌，使主要根系土壤始终保持疏松和适宜的含水量，可节约用水60%以上、节约肥料50%左右。③物联网技术。运用物联网系统的"感知—传输—应用"途径来实现在农业领域的应用。例如，运用各类传感器，如温湿度传感器、光照强度传感器、土壤pH传感器、$CO_2$传感器等设备，检测环境中的温度、湿度、土壤pH值、光照强度、土壤养分、$CO_2$浓度等物理参数；通过各类仪器仪表实时显示或作为自动控制的多变量参与到自动控制中，保证农作物有一个良好的适宜的生长环境，并使技术人员在办公室远程监控就能精确调控农作物的最佳生长环境，依次达到调节生长周期、改善品质、增产增效的目的。

**二是建设宜居宜业的美丽乡村**。结合毛家弄村乡村振兴示范村规划，计划到2024年将翼农科创园打造成农、文、旅相融合的现代农业展示基地。具体创建内容包括几个方面。①田园美味餐厅。让游客亲身了解农产品从田间地头到餐桌的整个过程，并让他们品尝新鲜、健康的地产农产品和罗店镇的特色美食，例如罗店鱼圆、鞋底年糕、白切羊肉等。②宝山区供销社为农服务微展馆。以1951年建成的宝山区供销总社（1951年建社）为背景，筹建宝山区供销社为农服务微展馆，展示区总社"牢记使命、不忘初心"的为农服务发展历程。③农产品便民驿站。便民驿站的主要功能是销售科创园的特色农产品、新鲜蔬果汁，提供农药使用服务以及病虫害防治咨询，同时整合相关快递代发业务。④亲子民宿。在毛家弄村乡村振兴一期规划中,将利用老顾泾河畔 2 000 平方米的新增建设用地,建设皮划艇水上乐园和亲子民宿,以财政资金引导该项目的开发,科创园进入后续经营和管理,建成后该项目可为(大、中、小)学校、机关、企事业单位的团建、实践、赛事和冬夏令营等活动提供服务。

**三是坚持"为农服务",助力扶贫事业。**合作社将继续高举供销社"为农服务"大旗,不断强化"为农服务"功能,促进农标对接、产地直供,构建供产销一体化的运作模式。通过减少农药化肥的使用量,改善蔬菜风味口感,并丰富蔬菜品种、拓展产品种类,为上海市民的"菜篮子"尽一份力。同时,合作社还大力支持宝山区扶贫事业,对供销社对口支援的云南等贫困地区的农副产品进行展销配送,主要产品有云南省维西县永春乡"源味门"的羊肚菌、云南省宣威市龙潭镇的土鸡、宣威市的浦记火腿和猪肉制品等,以此为扶贫献计出力。

"源味门"的羊肚菌

(图片来源:"源味门"微信公众号)

## 九、上海普圆食品有限公司

### (一)基本概况

上海普圆食品有限公司主要从事粮食等农产品深加工的研发、生产、销售业务,目前公司拥有的特色产品有花样年糕、米面、米线等,同时公司还不断研发以大米、燕麦、马铃薯全粉、苦荞麦、枸杞、芡实、薏仁、蔬菜等为原料加工的方便米面、糕点等新产品。目前，公司产出的深加工产品主要销往叮咚买菜、盒马鲜生、美团快驴、永辉超市、大润发，以及上海的各大企业、学校食堂、标准化菜场、农贸市场，部分产品还供应上海的两大机场，同时还为国内外航空公司进出上海的航班提供航班餐食配送服务。为了保障产品每天能即时配送，公司配备运输车辆 70 多台，运输能力辐射上海地区 1 800 多个市场销售实体网点。

"普圆食品"合作伙伴

（图片来源：上海普圆食品有限公司官网）

目前，上海普圆食品有限公司拥有各类产品生产线 18 条，员工 200 名，其中农产品深加工方面的专业技术人员有 60 余名，同时公司与江南大学食品学院等国内食品科研院所具有广泛的合作与技术交流，得到了其在食品生产质量安全和工艺技术方面的支持，并共同进行新产品和技术专利的创新研发。公司历年获得的荣誉（证书）有：全国工商业联合会会员单位、抗击新型冠状病毒荣誉单位、宝山区农业产业重点龙头企业、315 放心消费诚信单位、ISO 22000 管理体系认证证书、HACCP 管理体系认证证书、上海市农业综合开发办公室扶持单位等。

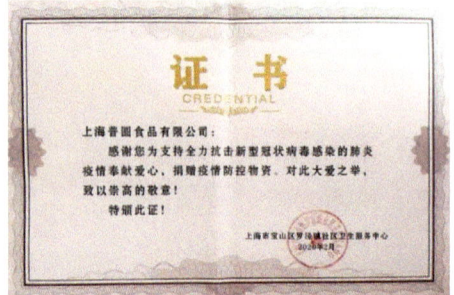

"普圆食品"相关农产品证书

（图片来源：上海普圆食品有限公司官网）

## （二）举措与成效

为进一步拓宽互联网营销业务，上海普圆食品有限公司进行了积极的探索与尝试。例如，与第三方公司签订了相关合作协议，在淘宝、拼多多、抖音等各类电商平台和自媒体平台推介和销售产品，但是从最终的结果来看，投入成本较高，影响力和销售额却不理想。另外，在政府部门的支持和引导下，公司产品进入了上海市农业直播平台，并带领公司人员一起直播卖货，这种销售形式不仅投入成本低，而且还能带来稳定的客户群体，同时也能在上海本地产生一定影响。目前，公司70%～90%的销售收入来自传统的线下销售，而在各类电商平台和自媒体平台的年销售量占公司年销售总量的10%左右，销售额约100万元。

"普圆食品"特色产品

(图片来源:上海普圆食品有限公司官网)

## (三)存在问题

随着信息技术的不断发展,网络营销是农产品销售的重要渠道。目前上海普圆食品有限公司在电商销售中所遇到的问题主要有:

**一是物流体系不健全,成本高。** 无论是供给侧还是需求侧都离不开物流,而物流成本高,体系不健全是目前影响"普圆食品"电商销售的主要因素。

**二是销售渠道不够宽,B端客户群众欠缺。** 虽然近年来公司加入上海本地政府搭建的各种公益平台,也获得了一些稳定的客户,但企业想要做大做强,还需进一步扩大客户群体。因此,希望政府搭建的相关平台不仅能针对C端(个人用户)进行推介,还应该向B端或平台进行推介。

**三是经营管理能力不够,电商人才匮乏。** 希望政府部门能定期或不定期举办与农产品电商销售有关的专业培训,讲解一些与农产品电商销售有关的政策、市场营销策略、风险规避等内容。

## (四)未来展望

虽然,目前公司在电商平台的销售占比不高,但电商销售仍是公司近几年拓宽销售渠道的重点发力方向，尤其是在后疫情时代，人们的购物方式发生了较大转变，网络购物作为一种新的消费方式进入了人们的日常生活，因此公司将把电商销售作为产品营销推广的重要发力点。另外，近年来公司在加入上海本地的一些公益性电商平台（如"浦农优鲜""鱼米之乡"等）后，取得了较好的市场反响，因此公司对上海政府搭建的本地公益电商平台也寄予厚望，希望政府能搭建一些更广泛的销售平台，助力中小型企业充分利用电商的平台优势，拓宽新视野、抢占新机遇，帮助企业做大做强。

## 十、上海建信果蔬专业合作社

### （一）基本概况

上海建信果蔬专业合作社成立于2009年，是一家以"公司＋基地＋农户"为经营模式，以促进当地特色农业发展的现代化农业企业。合作社有建筑面积3 000平方米，生产种植基地30.67公顷，拥有固定资产1 000多万元。合作社业务范围涉及种苗培育、蔬菜种植、净菜加工、蔬菜销售、果蔬深加工、鱼肉农副产品销售等多种业务。合作社通过了农业部无公害蔬菜整体认证，是上海市宝山区指定的无公害蔬菜生产基地，也是宝山区"迎世博"重点蔬菜生产基地，同时还是上海市蔬菜食用菌行业协会和宝山区蔬菜协会会员单位。合作社曾荣获"上海市蔬菜标准园"等荣誉称号，拥有专业的销售团队及各类农副产品的运输条件，产品销售覆盖全上海乃至全国。合作社生产的蔬菜、水果、粮油、调味品、生鲜等在城区的十余家商场上架销售，销售情况良好，服务人群广泛。同时，合作社还注重品牌宣传和渠道建设，成功注册"建信"商标，建设了网站及微信、淘宝、阿里巴巴等多种网络销售渠道，在百度投放广告，与国内多家物流快递企业签订战略合作关系等。

党的十八大以来，合作社充分利用本地资源，按照"绿色"与"自然"的要求，以"立足上海，带动长三角，辐射全国，走向国际"为发展理念，打造田园无公害农业品牌，促进绿色生产和生态良性循环，走可持续发展的道路。合作社围绕绿色无公害蔬菜的生产要求，一手抓管理，一手抓发展，做到发展适度、功能健全、管理规范，从而实现生态效益、经济效益和社会效益的三者统一。

## （二）举措与成效

近年来，合作社在相关政策的支持与引领下，加入农产品电商的浪潮中，积极探索出多元化销售的模式。

**一是微信销售模式**。通过微信朋友圈发布农产品信息，主要包括种植、生长、采摘等信息，并把农产品的生长情况以图片或视频的方式发布到微信里，让用户第一时间了解农产品的情况；而消费者通过微信直接下单，减少了农产品经纪人、批发商、零售终端等中间环节，从而最大限度地减少了消费者的购买成本。

"建信"果蔬微信小程序

（图片来源："建信"果蔬微信小程序）

**二是电商平台销售模式**。通过电商平台对合作社的农产品进行展示和推广，让更多人了解、知晓农产品的品牌，产生品牌效应，同时方便消费者线上购买，增加消费群体。

**三是网络直播销售模式**。利用网络直播平台，由主播对每个农产品进行详细的介绍，这样不仅可以让消费者更直观地了解农产品的生产情况，增强消费者对农产品绿色生产的信心，还可以快速扩大农产品的品牌效应，从而带动农产品销量的持续上升。

**四是消费者线上定制模式**。根据消费者订单需求生产农产品，然后以家庭宅配的方式把农产品直接配送给消费者，这样的订单生产可有效减少农产品种植过量的问题。

**五是社区供菜模式**。在 2020 年新冠疫情期间，合作社每天在各社区微信群发布数种农产品组合方案，由消费者按照套餐组合选择下单，次日配送上门。这种销售模式既解决了合作社农产品的销售渠道问题，也使消费者足不出户就可以购买到新鲜的农产品。

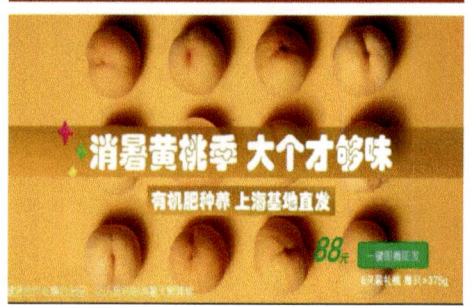

"建信"果蔬的农产品宣传

（图片来源："建信"果蔬微信小程序）

### （三）存在的问题

目前，在国家政策支持及互联网高速发展的情况下，虽然我国电商运营越发成熟且发展速度明显加快，但对于农产品行业而言，还存在许多明显的不足。上海建信果树专业合作社的农产品的销售在 2019 年以前还主要是传统的销售模式，2019 年增加电商销售模式后也面临很多的问题。

**一是电商销售的农产品物流配送问题**。大多农产品属于生鲜产品，在运送途中需要低温冷藏，这就大大增加了运输成本，而较高的运输成本必然会带动农产品价格上涨，这样消费者的需求就会降低，购买量就会减少。但是,目前大部分通过线上销售的农产品都是在常温下运输,导致了消费者收到的商品经常出现挤压受损、腐烂变质的情况,降低了消费者对农产品的满意度,减少了消费者对品牌的信任度,损坏了合作社的品牌形象。

**二是标准化生产的问题。**农产品具有天然生长的特点,会受到自然因素、人为因素、环境因素等多种影响,生长情况参差不齐,无法在外观、尺寸、口感上保持完全一致,很难实现农产品的标准化生产,所以在电商平台上对农产品的介绍不能标准化,对农产品味道、口感的描述也无法做到准确无误,从而无法区分农产品的优劣。而消费者可能由于收到的农产品生产批次不同,或对农产品的体验感不同,使其觉得电商平台上的农产品质量不能得到保证,从而降低了消费者线上购买的欲望。

**三是农产品品牌建立困难。**由于农产品是季节性产品,不能在每个时间点满足消费者的购买需求,这样农产品的品牌形象就会受到影响。另外,由于大量农户加入电商平台,为了增加销售量,可能就会形成相互压价的恶意竞争现象,导致农产品质量没有保证,这也会对农产品的品牌形象产生影响。除此以外,有的合作社虽然与相对成熟的农产品电商品牌合作增加了销售量,但并不能提高自身品牌的认知度。

**四是缺少网络销售的专业人才。**目前合作社在电商平台上展示的各种产品图片均是一次性拍摄的图片,不能根据实际生产的农产品随时更新,因此不能让消费者更直观地感受到农产品的变化,减少了电商销量。

**五是售后服务问题。**目前,很多线上销售的农产品售后服务跟不上,直播购物售后体验较差,不能在消费者中获得良好的口碑。

### (四) 未来展望

我国农产品电商市场的不断发展,吸引了众多投资者进入,电商平台的构建运营逐渐成熟,有力地促进了农产品电商行业的发展,为创新电商运营模式提供了良好的外部环境。今后,合作社要在物流领域积极探索,扩大冷链运输范围,建立丰富的配送网点,吸引专业人才加盟,引入智能规划运输路线,根据不同特性的农产品安排不同的运输方式。同时,在产品的营销上也要采用多元化的营销模式,并根据产品的特点以及差异化的服务进行营销推广,严格控制产品质量,以维护其品牌形象,为其大规模销售并走入全国市场打下良好基础。

## 十一、上海御源农业专业合作社

### （一）基本概况

上海御源农业专业合作社成立于 2015 年，占地面积 7.67 公顷，其中设施农业面积 3 公顷。御源合作社是上海市绿叶菜保护基地之一，长年种植青菜、广东菜心、鸡毛菜、杭白菜、米苋、空心菜、生菜、大蒜等绿叶蔬菜，其中鸡毛菜和空心菜已获得绿色认证。目前，合作社在上海市农业农村委员会的指导下，积极创建绿色基地。

合作社为叮咚买菜、肉联邦、小肥羊、大润发超市、美团、菜划算等企业直接提供蔬菜配送业务，通过关联企业间接为宝钢、长海医院、复旦大学、同济大学、"老盛昌"等企事业单位提供食堂用蔬菜。2021 年，合作社产值达 3 700 万元。

为提高市场竞争力，合作社依托光明村传统蔬菜配送基地的优势，联合周边数十家合作社的生产资源，为各合作社的蔬菜上市提供渠道。由于减少了中间环节，合作社的市场竞争力得到了有效提升。另外，合作社在开展传统团餐业务的同时，积极探索新型销售模式，并将社区团购和线上电商销售作为新的起点，以此为上海市"菜篮子"工程提供更优质的服务。

### （二）举措与成效

**一是与电商销售平台合作**。2015—2021 年在合作社成立的 6 年时间内，蔬菜消费市场发生了极大变化，除了传统的线下销售外，微商、直播带货、社区团购、B2B、B2C 等适应不同人群和客户的线上销售平台应运而生，电商销售实现了精准定位。目前，合作社已与叮咚买菜、美团、"菜划算"、美团快驴等签订了供货合同，其中美团快驴平台运转良好，月均销售额为 60 万元。

**二是积极探索电商直播**。随着网红直播带货的日益盛行，合作社积极探索电商直播新型销售方式。目前，供产销的基础搭建已基本完成，计划先从水果做起，以积累销售经验，优化运营策略。

**三是进一步拓展销售渠道。** 合作社与蔬菜出口商紧密联系，熟悉了解蔬菜出口贸易的代办流程和技术要求，为启动蔬菜出口贸易做好了相关准备。

## （三）存在问题

**一是新设备、新技术的应用水平不高。** 目前，合作社的大棚传感器和控制器等设备不完善，但物联网技术运用水平不高，未能充分发挥新设备、新技术在田间管理上的优势和作用。

**二是蔬菜生产采收环节劳动力短缺。** 合作社计划进一步拓展土地耕种面积，以加大蔬菜种植量，但由于田间从业人员老龄化严重，劳动人群处于青黄不接的状态，尤其是在采收季节蔬菜相对集中上市时，由于采收机械标准化不够，劳动力短缺问题突出。

**三是缺少专业的农产品网上直播人才。** 随着物流业的发展和人们生活水平的提高，农产品网上直播销售日益盛行，合作社还缺少专业的直播销售人才，而且现有直播人员接受相关培训的系统性、针对性不足。

**四是蔬菜保鲜、初加工场地资源有限。** 随着与电商、企事业单位合作的增多，目前合作社拥有的冷藏库2 000立方米、预冷车间500立方米、冷藏车4辆，已无法保证蔬菜的新鲜度，而且加工车间狭小，已趋于饱和运转状态，经常出现有订单而无加工场地的尴尬局面。

## （四）未来展望

**一是着力提升竞争力，探索新销售途径。** 随着经济社会的稳步发展，蔬菜行业的发展必将持续向好，合作社将加强蔬菜产后加工、保鲜冷藏、冷链运输，探索并实施电商销售、农产品进出口贸易等，从而进一步促进企业发展和提升市场竞争力。

**二是拓展蔬菜种植规模，实现集约化生产。** 蔬菜是消费量最大的食品之一，合作社看好蔬菜产业发展。合作社计划在原有7.67公顷菜地的基础上再流转8公顷，进一步拓展种植规模，为今后集约化生产奠定基础。

**三是加强同行间的交流，瞄准深加工市场。** 合作社相关管理人员将积极参加各地的农业展会,以开阔视野,向同行取经,为今后合作社的发展提供思路和方向。另外,合作社还要积极探索生产脱水蔬菜、速冻蔬菜、蔬菜罐头等,为合作社蔬菜产业的长远发展做好准备。

## 十二、上海木然蔬果专业合作社

### (一)基本概况

上海木然蔬果专业合作社成立于2017年,主要从事蔬果的种植与销售。合作社种植基地占地面积13.33公顷,环境优美,生态条件良好,主要为现代化的连体大棚和标准设施棚。合作社配套建有厂房两栋,占地面积700平方米,冷库容量350立方米。合作社采用有机、绿色种植标准,主栽品种有生菜类、番茄类、萝卜类,此外常年种植品种多达40种,可满足都市家庭餐桌对于食品安全性和食材多样性的需求。目前,合作社上海本地农产品的年销售总额为100万~500万元,其中30%~50%的销售额来自传统线下销售,合作社在电商平台销售上海本地农产品的年销售额为20万~30万元,约占年总销售额的30%。

上海"木然蔬果"专业合作社种植基地

(图片来源:大众点评网)

### (二)举措与成效

**一是顺应电商发展,探索新的销售模式。**从2019年开始合作社在淘宝、微店上销售蔬果产品，并通过微信接龙、微信群等形式进行社区微电商运营。

**二是线上与线下互通，提升知名度。**合作社利用在大众点评上的良好口碑吸引众多游客到农场实地游玩采摘，引导来农场的游客加入农场微信群、关注公众号，积蓄自己的流量池，通过每日推送的农场日记与微信群的互动来增加流量池的活跃度。另外，合作社还与咿呀咿呀等媒体组织线下活动，增加媒体曝光率，进一步提升品牌知名度与美誉度。

"木然蔬果"种植的农产品

（图片来源：上海木然蔬果专业合作社官方微博）

**三是开展问卷调查，迎合顾客需求。**合作社在多个农场微信群内发放调查问卷，并根据线下采摘中每个菜品的实际受欢迎情况及时调整种植计划。2020—2021年，合作社种植销售的水果玉米、五色小番茄、彩色花菜、应季蔬菜包等深受顾客欢迎，在线上的销售额节节攀升。2021年，微店全年下单6 000余笔，销售额达50余万元；微信群全年销售接龙30余次，销售额为24万元。

## （三）存在问题

**一是保鲜和物流成本较高，不利于线上销量的提升。**尤其是夏季天气炎热时，蔬果保鲜时效短、包装成本高，物流发货价格偏高，导致线上销售价格升高，不利于蔬菜销量的提升。

**二是收益不稳定，投产比较低。**如淘宝的流量、运营等成本较高，而销量却不稳定，因此投产比较低。

### （四）未来展望

**一是主打短半径配送模式**。合作社今后要把重点聚焦在周边社区，进一步打通线上线下销售壁垒。

**二是与社区合作**。积极对接社区组织农场半日游，让居民了解农场环境和农产品生产过程，从而增强消费者购买合作社产品的信心。

**三是开发自有小程序**。通过开发自有小程序，实现以社区为单位进行团购下单，统一时间配送，减少包装物流成本。

**四是增加产品品类，扩大客户群体**。在淘宝和微店等现有平台，除了销售农场种植的产品外，还销售与其他品牌合作开发的蔬果衍生产品，增加产品附加值，扩大客户群体。

**五是拓展销售渠道**。积极参与相关政府搭建的各种公益平台和直播带货等自媒体平台，进一步拓展农产品销售渠道。

## 十三、上海马陆葡萄公园有限公司

### （一）基本情况

上海马陆葡萄公园有限公司创建于 2004 年，是集葡萄科研、示范、培训、休闲于一体的现代农业园区。园区总投资 4 000 余万元，占地面积 33.33 公顷，其中葡萄种植面积 17.2 公顷；公司有员工 135 人，其中高级职称 4 人、中级职称 5 人、一线技工 30 多人。马陆葡萄公园以生产精品葡萄为目标，坚持绿色生态可持续发展，开创了农业产业"1+3"发展模式，2006 年夏天首次对外开放，即凭借其浓厚的葡萄文化和科技创新优势被原农业部评为"全国农业旅游示范点"。2007 年 7 月 5 日，时任上海市委书记的习近平同志高度评价马陆葡萄公园为"上海吐鲁番"。马陆葡萄公园先后被评为"上海市科普教育基地""全国科普教育基地""国家 AAA 级旅游景点""上海市食品安全示范企业""上海市经济作物标准园""中国果品百强企业""优质果品生产基地""改革开放 40 周年果品行业先进单位"等，2020 年入选农业农村部"国家现代农业科技示范展示基地"。

第四章　上海新型农业经营主体典型案例

马陆葡萄公园荣誉证书

（图片来源：马陆葡萄公园微信公众号）

马陆葡萄公园所生产的葡萄注册商标为"传伦"牌有机葡萄，2009年起至今，连续多年通过有机食品认证。"传伦"牌葡萄2015年被中国果品流通协会评为"中国葡萄十大品牌"、2018年被评为"最具影响力葡萄品牌"。另外，"传伦"牌葡萄拥有系列早中晚熟葡萄品种50多个，科研种质资源120余份，其下属的巨峰、巨玫瑰、阳光玫瑰等葡萄品种多次获得"全国优质葡萄评比"和"上海市优质葡萄评比"金奖。

马陆葡萄品种展示

(图片来源:马陆葡萄公园微信公众号)

目前,马陆葡萄公园作为有机种植示范基地,为市场和消费者提供了安全、优质的精品水果,每年接待休闲采摘游客近7万人次,接待全国各地特别是南方各地的专业参观、访问、观摩团体在120次以上,产地直销加网上销售额超千万元,具有极强的科技支撑和品牌引领的作用,带动了嘉定区超过666.67公顷葡萄的种植和销售,为葡萄种植户每年带来上亿元的经济收益,也在全区、全市乃至华东各省市起到了良好的示范带头作用。

马陆葡萄公园的生产基地

(图片来源:上海市嘉定区农业农村委员会)

## （二）举措与成效

2013年以前，马陆葡萄公园都是以线下产地直销为主，因为品牌原因再加上上好的品质，马陆葡萄公园一直有稳定的客户群体。但随着进口果品的不断涌入，以及其他地方水果品质的不断提高，果品市场发生了较大变化。为顺应市场变化，马陆葡萄公园主动拓宽销售渠道，改变销售方式。2013年，上海市嘉定区马陆镇农业服务中心为助力农民更好地销售马陆葡萄，联合马陆镇葡萄种植大户建立了"马陆葡萄网"线上销售平台，开始了农产品电商的探索。作为嘉定区农业龙头企业，马陆葡萄公园有限公司在天猫开设"传伦水果旗舰店"，第一年线上销售额达20余万元。2016年，马陆葡萄公园开设微商城，2018年开设京东旗舰店。同时，政府也开发了更多的平台，例如马陆镇的"马陆葡萄微店"，嘉定区的"我嘉生鲜""我嘉生活馆"，上海市公益电商平台"鱼米之乡""安全优质信得过果园"等小程序，马陆葡萄都积极加入其中，并且在电子商务领域发展得越来越好，吸引了包括顺丰、京东等多家物流公司在销售旺季驻点收运葡萄，2021年线上销售额近300万元。

## （三）存在问题

**一是缺少专业的电商人才。** 目前，由于人员缺乏，公司的网络销售没有专业的宣传推广，仅有2名线上销售人员，一人负责微商城及其他小程序的运营管理，另一人负责天猫及京东店铺管理。另外，每个人除了负责各自的网络运营外，还负责美工、客服、售后等工作，但这两人之前没有接受过专门的电商培训，都是从零开始边学边做。除此以外，公司的线上店铺缺少运营推介，只在线下直销店张贴海报，以方便老客户、回头客在不想多次跑腿的情况下更便捷地购买马陆葡萄。

**二是物流成本高，包装复杂，费时费力。** 因为运输问题，葡萄快递包装需要多层防护，耗费人工，限制了每天的发单量，影响了线上销售。另外，江浙沪以外的地区，虽然市场广阔但运输成本高，较高的物流成本大大影响了外地顾客的下单量。

### （四）未来展望

经过多年的电商销售积累，线上店铺也有了一批忠实的老客户，目前所有店铺的线上销售总额超过了 300 万元，但这只占全部销售额的 25% 不到，因此电商销售还有巨大的发展潜力。总结起来，要做好电商销售，就需从以下几方面重点发力。

**一是大力推进农产品的品牌化和标准化，始终如一提高产品品质。**产品和服务是第一位的，品质好，客户信任度高，产品销售的回头率就高。

**二是累积并管理好粉丝群，做好老客户营销。**马陆葡萄的天猫店铺"传伦水果旗舰店"已开设 9 年，有了一部分忠实的老客户，但由于没有做好粉丝运营，在激烈的市场竞争下很容易产生客户流失，因此下阶段应重点做好老客户的积累与管理，"以老带新"实现客户引流。

**三是完善物流配送，扩大消费群体，实现全国销售。**生鲜水果因运输原因销售范围受限，马陆葡萄早期只在上海地区销售，后来逐渐扩大至江浙地区，目前已实现全国范围销售。虽然重点客户仍在江浙沪地区，但近几年其他地区，尤其是北广深地区的客户大大增加，其销售额占到了总销售额的 1/3 以上。

**四是加强电商人才培养，做好网店本身的运营管理。**生鲜水果因季节性较强，因此需要抓住时机，尤其是一些节庆活动，应做好预售和推广工作。另外，农业作为一项传统产业，在电子商务领域起步较晚，从业人员也大多没有经过专业的学习或培训，因此对企业来说，电商人才培养是首要任务，亟须建立一套专业的电商人才培训体系，突破现有的简单销售模式，提高电商销售额。另外，近年来在新冠疫情发生的背景下，短视频发展尤为迅速，这也间接促进了电商的发展，同时也对企业发展电商提出了更高要求，拍摄（制作）短视频、直播带货等将是今后电商从业人员的一项重要技能。

## 十四、上海百蒂凯蔬果种植专业合作社

### （一）基本概况

上海百蒂凯蔬果种植专业合作社成立于 1999 年，是一家专注于从农

业种植到为学校、家庭、中高端西餐酒店配送绿色健康蔬菜的农业专业合作社。20多年来，合作社依托精湛的色拉菜研发技术和稳定的农业种植技术，通过清洗、鲜切后完成产品包装，一站直达冷链到达酒店餐桌。目前，合作社已占有上海60%的中高端西餐厅市场份额，为500余家有中高端西餐厅的企业（如外滩18号、中国香港美心集团、沃歌斯、萨莉亚、新旺集团、玻本、新石器烤肉、茹丝葵、味宜美、松屋、三得利等中高端餐饮）和全国20余家知名连锁餐饮品牌店供货。此外，合作社还与盒马鲜生、大润发、叮咚买菜等连锁商超合作，已成为净菜鲜食行业的领导品牌。

上海百蒂凯自建农场

（图片来源：百蒂凯微商城）

合作社遵循蔬果的自然生长规律，根据不同纬度气候特点，建立百蒂凯种植基地，开展产品直营。目前，合作社在上海、云南、海南、山东、河北、甘肃等地拥有自建基地333.33公顷，合作基地666.67公顷以上，确保四季供应安全健康的时令绿色蔬菜。目前，合作社供应上海市场的种植基地有外冈镇周泾村设施蔬菜种植基地38.33公顷、安亭镇蔬菜基地约66.67公顷，云南省有蔬菜基地33.33公顷（运输至上海销售），各基地蔬菜产量大，产出蔬菜直供大润发、盒马鲜生、叮咚买菜等大型连锁商超。

## 企业资质
### Enterprise qualification

百蒂凯企业资质证书

（图片来源：百蒂凯微商城）

  合作社在上海地区建有 3 条由日本引进的果蔬鲜切流水线，同时拥有全封闭恒温车间和保鲜冷藏专用冷库，蔬菜鲜切采用独有的 3S 系统，并按照美国 FDA、D5 以上的标准进行生产，从原材料储藏、蔬菜鲜切及运输采用全程冷链，全过程保障绿色无菌处理，确保产品安全、新鲜，实现全年供应。合作社的产品原材料安全、质量稳定，在行业内树立了良好的口碑信誉。2020 年 12 月，合作社获批上海都市蔬菜优势特色产业集群项目,该项目于2021年2月开工建设,同年7月完工,主要建设了冷库、包装流水线和电商平台,保障了蔬菜保鲜效果,提高了分拣流水线速度,降低了贮藏消耗。

(二)举措与成效

**一是建设了电商平台——百蒂凯微商城**。百蒂凯微商城是在百蒂凯微信公众平台推出的一款基于移动互联网的商城应用服务产品。百蒂凯微商城拥有会员系统、产品管理系统和分佣系统等三大系统,其中分佣系统充分利用微信的社会化人际关系特点,以流量、推荐会员、购买抽佣的形式为营销工具,以点连线,向外扩散成面,带动消费。百蒂凯微商城支持微信、财付通、快钱、银联、货到付款等多种支付方式,解决了商家因单一支付方式给消费者带来的不便。另外,百蒂凯微商城还拥有商品分类、资讯中心、新品促销等版块,分类清晰,除了微信自定义菜单还扩展到内页中自定义菜单。百蒂凯微商城采取多种促销规则,如积分赠送、会员优惠等让商城具备超强营销力。2021年,商城订单成交量为4 622单,交易额为206 467.64元。

百蒂凯电商平台展示

(图片来源:百蒂凯微商城)

**二是建立了完善的蔬菜电商基地加工仓储设施。** 合作社建设了一套较为完善的蔬菜生鲜电商基地加工仓储设施，提高了加工与仓储效率，降低了产品损耗和成本。另外，标准化分级还有利于保证品质、提高劳动效率、降低加工成本，同时更有利于保证质量，建立品牌形象，提升供应链效率。

**三是发展现代农业，提高农产品销量。** 合作社引领传统农业向"信息化、标准化、品牌化"的现代农业转变，促进特色农产品走向"高端"，解决了农产品无销售渠道带来的滞销问题，提高了农产品销量，带动当地农民实现了增收致富。

 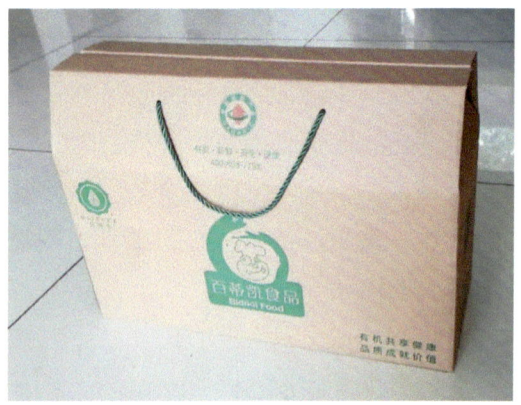

百蒂凯的采摘年卡和包装展示

（图片来源：百蒂凯微商城）

### （三）存在问题

蔬菜、瓜果等生鲜农产品因自身含水量高、保鲜期短等特征，在运输过程中损耗较大，一般情况下损耗可达30%左右，而目前我国很多地方的冷链配套基础设施建设不健全，在一定程度上制约了农产品电商市场的发展。农产品标准化分级是保障农产品质量的前提，也是提升农产品品牌影响的基础，但目前合作社的产品分级标准不清晰，产品质量标准和分解标准混乱。另外，农产品销售受时间、地域等因素限制，不能实现农产品供产销一体化发展。

百蒂凯电商销售保鲜手段

（图片来源：百蒂凯微商城）

## （四）未来展望

**一是保鲜贮藏，减少损耗。**进一步完善蔬菜生鲜电商基地加工仓储设施，配备农产品预冷、清洗分级、分拣包装、保鲜、初加工等设施设备和具有恒定温湿度的冷库，加快支持冷链设备、保鲜工艺、智能信息和供应链集成等标准体系建设。同时，提升生鲜供应链管理能力，制定和实施符合现代生鲜加工供应要求的技术标准，对农产品在流通过程中的分拣、包装、搬运、库存等质量进行控制，配合信息平台建设，打造具有冷产、冷储数据保障安全和温控双追溯监控体系，确保全程监控和无缝对接，提高加工与仓储效率，降低产品损耗和成本。

**二是标准化分级，保证品质。**对现有的基地加工设施设备进行自动化、信息化、智能化升级改造，制定分级标准，建设标准化分拣流水线，按照分级标准进行分选，保证分级效果稳定、提高劳动效率、降低加工成本。通过农产品标准化分级，保证质量，建立品牌形象，提升供应链效率。

**三是线上销售，新鲜到家。**持续做好电商交易平台，打破传统时间、地域等因素限制，扩大农产品流通范围和效率，促进农产品供产销一体化，引领传统农业向"信息化、标准化、品牌化"的现代农业转变，同时通过构建数据库、营销系统、云服务平台、智能云客服系统等，推进优质农产品由基地直达客户餐桌的可实现进程，提升消费者购物体验。

## 十五、上海外冈粮食生产专业合作社

### (一)基本概况

上海外冈粮食生产专业合作社原名为上海新冈粮食生产合作社有限公司,成立于 2005 年 5 月。合作社有粮田种植面积 466.67 公顷,是一家市级示范合作社,种植的水稻品种主要有'嘉农粳 3 号''南粳 46'等,生产的稻米晶莹剔透,由其做出的米饭软糯香甜,受到了广大市民的喜爱。自 2011 年起,合作社生产的稻米连续多年获得上海市优质稻米评比银奖和铜奖,"外冈"大米也因此在嘉定乃至全市具有一定的知名度。2017 年,"外冈"大米在上海地产优质大米品鉴评优活动中荣获铜奖。2020 年,在中国农民丰收节上海庆丰收大展示系列活动中,"外冈"大米('嘉农粳 3 号')荣获最受市民欢迎地产优质农产品奖。2021 年,在嘉定区第六届优质稻米品鉴活动中,"外冈"大米荣获优质大米金奖。2018 年,合作社获评国家农民合作社示范社。

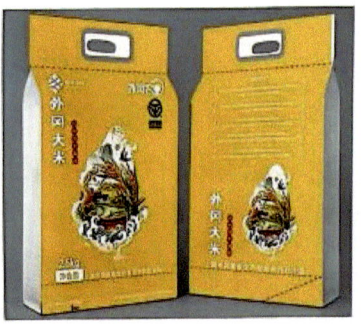

上海外冈粮食生产专业合作社

(图片来源:嘉定三农微信公众号)

### (二)举措与成效

**一是统一的生产种植管理,确保高标准的质量把控**。品质是农产品电商化发展的根基,是消费者关注的核心。上海外冈粮食生产专业合作社通过实行"合作社+互助小组+家庭农场"的经营管理模式,由合作社统一种植品种、统一收割标准,确保了稻米的高品质生产。在这样的经营模式下，农业经营主体只管种植，不用担心销售问题；而在种植标准上，合作社履行指导、监督的职责，严把质量关。目前，合作社全程采用机械化操作，并全程按照绿色农产品质量标准进行质量把控。2019年"外冈"大米通过了上海市绿色食品认证。

"外冈"万亩良田基地

（图片来源："我嘉生鲜"微信小程序）

**二是推进"外冈"大米品牌化发展，提高农产品附加值。**①在品牌形象和包装设计上下功夫，通过专业策划设计公司，对现有产品进行规划定位，并设计包装。②综合种养结合模式，打造"外冈"大米精品鱼鳝米，改变大米同质化的困境，提升品牌美誉度。③以"鱼、鳝稻田"为基地主体，打造"带着爸爸去种田"等系列主题活动，大力推进种植体验、消费购物、乡村旅游、文化休闲等"农商旅文"融合化发展。

**三是注重专业型人才培养，建立电商销售队伍。**为顺应时代发展，合作社自2016年起尝试网上销售，2018年陆续招收引进懂设计、懂新媒体宣传、懂销售的复合型人才，并进行定向培养，而且在"我嘉生鲜""鱼米之乡"等平台开展销售，均有专人负责，确保售前、售中、售后服务。实际上，"一头连着田间、一头连着市场"是对于合作社农产品销售人员的内在要求。在2021年上海金秋农产品线上展销会上，合作社的销售额名列前十，其营销团队荣获2021年嘉定区巾帼文明岗。

**四是线上线下融合发展，创新农产品电商销售模式。**在农产品销售上，合作社成员跟紧时代、拓展思路，并逐渐摸索出一套适应自身发展的销售模式。线上，通过利用直播等传播手段，开展网络营销，实现高效率营销传播，以提升"外冈"大米的宣传力度，扩大品牌知名度和影响力；线下，积极与社区、实体店等合作，充分利用线下资源，拉近与消费者的距离，提升消费者的体验感。2020 年"外冈"大米销售额约 159 万元，2021 年销售额约 245 万元，增幅达 50% 以上。

"外冈"大米

（图片来源："外冈在线"微信公众号）

## （三）存在问题

**一是仓储能力不足，阻碍稻米产业化发展**。近年来，合作社从"卖稻谷"向"卖大米"转变，经济效益显著提升，但随着商品稻种植面积的进一步扩大，如何保证稻米高品质存储成为难题。尤其每年进入 5 月以后，上海市的气温和湿度上升，加快了稻米陈化劣变速度，容易生产霉变、生虫等，导致大米实现全年上市供应难度较大。2021 年，合作社商品稻种植面积 66.67 公顷，商品稻总产量 400 余吨，而现有存储体量仅为 300 吨左右，且不具备恒温储存能力。因此从合作社的生产能力、历年销售情况以及市场需求来看，亟须提升仓储能力，以进一步扩大商品稻种植规模，促进产业化发展。

**二是物流成本和包装成本上升，阻碍电商化发展**。"外冈"大米在价格上远低于水果、肉类等生鲜产品，甚至比一些蔬菜的价格还低，再加上其运输成本，以及包装礼盒、人工打包等附加成本，因此在电商平台销售大米的利润远低于销售水果、肉类、蔬菜等生鲜产品。以5千克袋装优质"外冈"大米为例,在电商平台的售价为50～70元,仅快递成本和包装成本就高达15元(人工及其他材料费用等均未算入)。由此可以看出,较高的物流成本和包装成本阻碍了"外冈"大米的电商销售。另外,电商销售量的缩减,在规模上无法达到一定的量,也必然导致物流、原料、人工等成本的再次上升,最终形成恶性循环。

### (四)未来展望

**一是提升仓储能力,扩大稻米产能,提高产业化率**。"外冈"大米要实现电商发展新突破,就必须走标准化、产业化、规模化的发展之路。因此,为提升外冈稻米储存条件,完善加工设施,合作社拟实施外冈稻米产业链建设项目。合作社建设主要内容包括:提升室内仓库恒温储藏能力,对原有粮库进行保温处理,选配制冷机组和稻谷专用冷风机,同时增设室外粮仓,确保具备约1 500吨稻谷的长期储存条件。另外,配备稻米运输、提升、包装、刮板机等配套设施,方便稻米运输及烘干加工。仓储能力提升后,合作社预计将提高商品稻米种植面积,增量达100%以上,预计总销售额比历年增加60%以上。

"外冈"鱼稻米商品展示

(图片来源:"我嘉生鲜"微信小程序)

**二是推进绿色生产标准化,提升品牌附加值**。生态、绿色,是农业可持续发展的必然选择,亦符合当前市民对健康食品日益增长的需求。为提升"外冈"大米的品质,合作社应实施种养结合,积极打造绿色循环农业和生态农业。①外冈泉泾猪场在粪污处理上采用"猪—粪尿—沼气—水稻"生态循环模式。猪粪污发酵产生的沼液就近还田,沼渣生产有机肥还田,发酵产生的沼气用于发电。②进一步完善稻鱼综合种养模式,并形成标准化。鱼鳝稻共生,就是通过"鱼食昆虫杂草—鱼粪肥田"的方式种植,使种植和养殖有机结合。

**三是全力推进无人化农场项目,让科技助农**。目前,合作社已实现13.33公顷水田的全程无人化作业,完成对现有农用机械的无人化改造。目前,计划完成106.67公顷的标准化农田建设,实现全程无人化作业改造和数字农场改建,实现水稻生产过程全阶段的数字化,形成一套完备的大数据专家分析决策系统,用以指导翌年的农业生产,服务绿色农业、循环农业发展。

## 十六、上海绿望蔬果产销专业合作社

### (一)基本概况

上海绿望蔬果产销专业合作社成立于2011年4月,是一家以绿叶菜生产为主,集产、加、销于一体的农民专业合作社。合作社现有职工79人,其中,从事农场生产技术管理的有15人,从事蔬菜生产、经营的老专家有2人,从事蔬菜生产、种植的工人有60余人,种植面积达49.53公顷。合作社常年种植青菜、鸡毛菜、杭白菜、生菜、芝麻菜等绿叶菜以及薄荷叶、罗勒、九层塔等香料作物。目前,合作社80%的产品是以散装的形式销售给餐饮公司、批发市场、食品加工厂、企事业单位食堂等,15%的产品以精品礼盒包装的形式销售给企事业单位,5%的产品实现网络销售,年销售量达3 200吨。依托上海市农业科学院、上海交通大学、市区两级农技服务中心等,合作社广泛采用新技术、种植新品种,大力发展绿色循环农业。合作社的注册商标"绿初望久"先后获得2018上海首届优质青菜品鉴会金奖、2019"安信杯"上海鲜食玉米文化周暨地产鲜食玉米品鉴评优活动金奖,通过品牌扩大影响、开拓市场,结合农社产销对接，合作社的产品实现了100%品牌化销售。另外，2021年合作社被农业农村部评为"国家级示范合作社"。

上海绿望蔬果产销专业合作社种植基地

（图片来源："我嘉生鲜"电商平台）

## （二）举措与成效

2018年，合作社开始尝试农产品电商销售，主要通过微信朋友圈销售可以生吃的鲜食玉米，通过线下线上联动宣传，2 000平方米田地的玉米很快就售罄了，经济效果显著。2020年新冠疫情期间，合作社创新开发了微信小程序，打通了从田间到家门口的蔬菜直接购买渠道，为嘉定区居民的农产品购买提供了极大的便利。另外，消费者还可以通过微信小程序平台采购草莓、禽蛋、鸡鸭、豆制品、菌菇等嘉定地产农产品，对嘉定农业进行了有力的推广与宣传。2020年新冠疫情初期，合作社开展了"便民蔬菜包"送货上门服务，每份"便民蔬菜包"有8个品种，叶菜类和果菜类合理搭配，每个品种均采用精包装处理。随后，合作社还推出了单位团购服务，不仅帮助合作社扩大了农产品销售渠道，也为在岗人员购买农产品提供了便利；此外，合作社还开展了3个社区、27家企事业单位的服务，每日配送量达300份蔬菜包，服务数万人次。在这场无情的"疫情"面前，合作社的爱心蔬菜和送上门服务，在群众中获得了很大的肯定，打响了合作社的知名度。

上海绿望蔬果产销专业合作社农产品
(图片来源:"我嘉生鲜"电商平台)

2020年8月合作社入驻"我嘉生鲜"电商平台,其农产品以精品礼盒的形式在该平台进行销售。由于该平台刚成立不久,流量较少,销售情况欠佳。2021年合作社开设淘宝店铺,售卖特色香料、水果玉米等产品,由于品种结构单一、宣传成本较高、影响力较小等因素,电商销售缺乏竞争力。

上海绿望蔬果产销专业合作社玉米种植大棚
(图片来源:上海嘉定政务网)

### (三)存在问题

**一是缺乏市场推广,品牌识别性差。**农产品电商销售要求农产品具有一定的品牌识别性,而合作社的农产品由于缺乏市场宣传,导致优质农产品滞销严重,市民无法购买到高质量的农产品,加之蔬果、禽蛋等农产品的购买在产地周边区域就可以解决,导致农产品电商销售不佳。

**二是蔬菜品种单一,缺乏竞争性。**合作社种植的品种以绿叶菜为主,不能完全满足消费者产品多样性的需求,导致产品竞争差,销售不畅。

**三是电商网站专业度低,流量少,效果差。**虽然合作社开发了微信小程序、淘宝店铺以及加入一些电商平台,但由于电商网站专业度低,流量少,导致合作社的上线销售缺少稳定的复购率,大多数营收还是来自线下批发和团购。

**四是物流成本高。**农产品具有季节性、易腐性、品种多、级差大、保鲜难和损耗高等特点,在物流过程中对包装、装卸、运输、仓储有特定的要求,很多情况下农产品商品价值本身比较低,但运输成本和物流成本较高,超过了农产品商品价值的100%甚至更多,这就违背了电商降低成本提高效率的初衷,高额的运输成本和物流成本随着农产品商品价值一起转嫁给消费者,从而造成农产品缺乏价格优势,难以打开普通消费市场。

**五是电子商务人才匮乏。**合作社要发展电商就一定要具有一套能有效经营运作的农产品电子商务系统,以及专业的电子商务营销和管理人才。但目前合作社内既懂农产品相关知识,又具有电子商务经营管理的复合型人才较少,人才匮乏和技术水平不高制约了合作社农产品电商的进一步发展。另外,由于农业本身产品附加值低,造成行业利润低,不能用优厚的待遇留住高素质人才,这也在一定程度上阻碍了农产品电商的快速发展。

### (四)未来展望

**一是加强农产品标准化与品牌文化建设。**企业依托电子商务的发展,可以提高采购、交易的效率,减少交易成本,提高经营利润,因此需要建立和完善与网络营销相适应的品牌和标准。首先,在现有生产标准化的基础上,有选择地对特色农产品和标志性农产品实行标志化、品牌化,完善认证流程,同时利用农业科学技术为农产品生产提供技术支撑,提高农产品的质量,扩大本地产品的差异性,避免与外地产品发生价格战。其次,在农产品生产经营的运行机制上,要从农产品质量、农产品检验检测、农产品标准化示范等重要环节出发,保证农产品从种植、到加工、再到销售的各个环节实行统一标准,为农产品电子商务的良性健康发展奠定基础。最后,在农产品的品牌文化建设上寻求突破。事实上,品牌文化建设有利于合作社特色农产品实现规模化和标准化,能够有效促进农产品整个生产环节的资源整合。所以,要加大对品牌农产品的宣传力度,从而提高合作社特色农产品在市场的知名度,促进农产品的销售。同时还要多参加一些农产品展销活动,并走进社区、商场宣传,提升合作社农产品的品牌价值。

**二是提升合作社农产品电商的竞争力**。在传统的零售批发中,农产品从田间到餐桌经历了多道环节,层层加价后往往形成"两头吃亏,中间获利"的局面,而农产品电商正好解决了这一问题,即农产品电商可以直接把优质、合格、有特色的农产品卖给消费者。因此,合作社要加大在建设加工冷藏库、产品包装加工车间等方面的资金投入,逐渐建立起集果蔬生产、初加工、产品包装、运输、销售于一体的全产业链,并将各个农产品流通领域的潜在电商优势转化为现实竞争优势,着力提升合作社电商的核心竞争力。

"绿望"便民蔬菜包
(图片来源:"我嘉生鲜"微信小程序)

**三是加快培养和引进农产品电商人才**。通过"请进来、走出去"等方式,加大对农产品电商人才的培养,着重提升电商人才的销售网站设计与制作能力、网上谈判与签约能力、客户服务与管理能力,建设一支高效的农产品电商专业团队。同时，合作社还要加强对电商人才在电商运营、农产品销售、市场营销策划、品牌宣传、市场分析等方面进行专业培训，促使合作社的农产品电商事业蓬勃发展。

## 十七、上海歆香蔬果专业合作社

### （一）基本概况

上海歆香蔬果专业合作社始建于2010年8月，基地面积300亩，入社农户480户，是一家集果蔬、水稻种植和鸡鸭养殖为一体的新型经济合作组织，主要产品为南汇大团蜜露桃、西瓜、蔬菜、原生态散养鸡鸭、水稻等。合作社本着诚信为本、质量第一的宗旨，努力满足新老客户的需求，产品均采用礼盒包装的形式出售。

上海歆香蔬果专业合作社的基地位于上海市浦东新区大团镇，现有面积约1 000亩，主要销售产品为西瓜、水蜜桃、小番茄、甜瓜、梨等。西瓜及水蜜桃每年都受到市民的欢迎，并吸引到不少新客户。水蜜桃作为大团特色，为引进日本新品种，经实验培育多年，于2019年起正式上市销售，由于桃子比市面上同类产品更美观且口感更佳，广受客户称赞。

### （二）举措与成效

合作社在抓好自身产品品质的基础上加入了品牌联合社，自2016年起开始尝试电商销售模式，开了属于合作社的第一家淘宝店以及微店。而后又开通了属于合作社的公众号，开启了公众号结合微店的运营模式。此外，还定期进行线下推广活动，以吸引客户并增加客户量。2021 年，基于以往的公众号结合微店的运营模式，在浦东农广校和上海市农广校的帮助下学会了短视频拍摄等，增加了抖音短视频的推广，由此也带来了一些线下及线上的客流。

目前，合作社除了自营店铺及微信客户群体外，与电商平台合作，其中包括浦东新区农业农村委开设的"浦农优鲜"，另与线下超市 Ole 及山姆等中高端超市合作，如西瓜销售，总销售量为 3 万～4 万箱，广受市民欢迎。

扫描进店逛逛

### （三）存在问题

目前存在的突出问题是很难快、准、狠地抓住客户群体，普遍存在客户群难以准确定位的情况，并且客户对于产品的不了解，也影响了产品的推广效果。

### （四）未来展望

未来通过对产品及品牌的特色进行准确的推广与普及，相信未来以线上及线下结合的方式，会吸引更多客户。

## 十八、上海越亚农产品种植专业合作社

### （一）基本概况

上海越亚农产品种植专业合作社成立于2005年，注册股本金500万元，是一家集瓜、果、蔬和粮食生产与销售及土地承包租让为一体的综合型农业合作社。合作社实行"合作社+基地+农户"的生产模式和经营方式。合作社以规模化生产、产业化经营、市场化运作和优质的服务取得了较好的经济效益和社会效益。

通过几年的努力拼搏，合作社已得到了很大的发展和提升，目前合作社社员已达到320户，辐射带动周边农户600多户，耕种土地面积24 000多亩，年销售额达2 000多万元。目前合作社已发展成规模大、品种多、品质优、效益好的知名农业企业，并于2013年成为上海浦东新区农协会的会员单位。合作社在2017年度的上海市甜瓜、水蜜桃评比中分别荣获"金奖"，在2018年度的上海市西瓜评比中荣获"金奖"。此外，合作社还获得西瓜、甜瓜、水蜜桃绿色食品认证。

上海越亚农产品种植专业合作社电商部成立于2017年，运营渠道分别是微商城运营、公众号运营和小程序运营，2021年开通了"越亚果蔬"微博和越亚农产品抖音号，2022年运行"越亚腾辉"微信视频号。线上销售平台的建立，满足了客户的需求，为客户提供了更为便捷的服务，并且有效地提升了"越亚"品牌的知名度，提高了企业的影响力，同时也带动了销量的增加。

### （二）举措与成效

农产品电商是现在的发展潮流，合作社通过在自有商城上举办各类促销活动，如限时抢购、节日优惠券、团购、商品套餐、社群营销等，激发了客户的购买欲望，增强了客户的购物黏性。另外，结合线下地推方式推广"越亚腾辉"公众号，增加了企业的曝光率，从而开发了新的客户。

### （三）存在问题

目前，电商竞争压力很大，特别是随着各种电商平台的崛起，直播带货等都带来了销售压力，在推广方面一直欠缺的，希望未来能予以解决。

### （四）未来展望

短期目标是尽快把视频号和抖音号运营起来，通过优质视频制作，让消费者更深入地了解果园的生产过程以及果农的管理维护过程；通过电商直播带货，借助平台整合资源，实现销量翻倍的目标。

## 十九、上海桃咏桃业专业合作社

### （一）基本概况

上海桃咏桃业专业合作社位于浦东新区新场镇，拥有500余亩优质农产品示范基地，形成了以上海名牌产品"桃咏牌"新凤蜜露为主，包括西甜瓜、翠冠梨、葡萄等优质农产品在内的多种农产品生产经营模式。合作社于2009年通过绿色认证，2010年获得上海市著名商标、上海市名牌产品称号，2013年品牌瓜果销量冠军，2014年浦东新区农协会授权合作社打造浦东品牌瓜果联销平台并担任总经销单位，2015年荣获全国百家合作社百个农产品品牌，2016年水蜜桃实现成功出口，2015—2019年连续5年荣获全国桃评比金奖。在2017—2021年5年内合作社在西甜瓜全国擂台赛获得2金、5银、2铜的佳绩。"桃咏牌"水蜜桃、西瓜、翠冠梨、葡萄在上海市优质果品评比中屡次荣获金奖。目前，合作社设有网上淘宝店、工行融e购、天猫商城旗舰店、京东商城旗舰店、拼多多商城旗舰店等平台，将产品推向了全市乃至全国。

## （二）举措与成效

2012年5月起，合作社开始尝试电商销售，成立了电商部门，组建了电商团队。同年5月21日正式入驻淘宝网销售南汇8424西瓜，同年7月入驻1号店销售南汇水蜜桃，开通了自己的官网和官方微博，2013年入驻工行融e购，2014年开设天猫旗舰店，2015年建立了自己的微信公众号以及微商城，2019年5月首次入驻京东商城，同年6月入驻拼多多，2020年入驻建行善融商城、浦东优鲜、安全优质信得过果园商城、农博会官方商城等。目前，合作社的全年销售额达3 500万元，其中电商销售额近800万元。

"五五购物节"（南汇8424西瓜当日销售一万余箱）

第四章　上海新型农业经营主体典型案例

待配送西瓜

天猫平台

京东平台　　　　　　拼多多平台

微商城网站

（桃咏微商城 http://55885145.m.weimob.com/ vshop/index?PageId=451538）

## （三）存在问题

电商人才难引进易流失；参与各电商平台活动利润空间不大；生鲜果品因天气影响，品质不稳定；因快递时效问题，影响果品质量。

## （四）未来展望

未来合作社在电商领域将采取稳定发展的思路，稳定"线上：线下"为3∶7的比例，并择优选取2～3个电商平台长期入驻，逐步将流量引入自己的公众号及微商平台上。而且将线上作为宣传推广产品的窗口，而将主要销售重点放在门店及农场直销，并吸引顾客来农场进行亲身体验。

# 二十、上海苗荟农产品专业合作社

## （一）基本概况

上海苗荟农产品专业合作社成立于2015年11月30日，注册地位于浦东新区惠南镇四墩村大治河路66号。经营范围包括蔬菜、瓜果、花卉、苗木、粮食、食用菌，蜜蜂养殖，水域滩涂养殖（取得许可证后方可从事经营），食用农产品和不再分装的小包装种子、种苗、化肥、农药、饲料的销售，组织收购成员及同类生产经营者的产品；引进新技术、新品种，开展与农业生产经营有关的技术、信息咨询服务。

目前，合作社主要从事水蜜桃、翠冠梨、水稻+西瓜、蔬菜的种植与销售，已注册"苗荟"商标。2019—2020年合作社作为上海市水果标准园、上海市农民田间学校、上海市农业科学院乡村振兴示范引领基地，按照"三品"发展战略，在上海市农业科学院的技术支持下，积极推进品种引进、品质提升和品牌发展。

合作社目前流转土地571亩，种植有8424西瓜、南汇水蜜桃、上海蜜梨等瓜果，基地已通过浦东优质农产品放心基地、浦东新区绿色田园、上海市水果标准园、上海市安全优质信得过果园等评定。近年来，基地的桃、梨、西瓜已通过绿色产品认证，"苗荟"水蜜桃获得了第二十届绿色博览会金奖。2020年合作社荣获全国优秀农民田间学校荣誉称号。

## （二）举措与成效

目前，上海苗荟农产品专业合作社建设的电商平台有：印象惠南公众号、印象惠南小程序、印象惠南天猫旗舰店等，同时还上线"浦农优先"等官方平台。合作社秉持"顾客第一"原则，充分挖掘顾客需求，从产品故事、种植基地、采摘体验、物流体验、可追溯等进行全维度展现，以增加客户黏性，并通过不断努力使电商销售额逐年攀升。

## （三）存在问题

（1）农产品电商正在往社区迁移，形成线上社区＋线下社区，本地化O2O已成为必然的趋势；现在60%～70%的消费发生在3千米范围之内，因此农产品的本地化趋势要和社区服务站、便利店等机构整合，传统的B2C电商要渗透到社区末端，这就需要较大的资金和人力整合，而合作社很难承担，从而使合作社的电商止步于资金瓶颈。

（2）农产品，特别是生鲜农产品因地域性、季节性很强，从而要求必须做好基地产品整合，以解决好持续供应问题，但目前合作社经常会出现断货问题。

## （四）未来展望

农产品电商这种新型的商业形态减少了供应过程中的许多中间环节，是农产品流通的发展方向，从田间地头到百姓餐桌，成为人们追求的共同目标。2021年，合作社开拓抖音直播带货平台，让更多的特色农产品搭上电商的"数字快车"。

# 二十一、上海金山"鑫品美"草莓联合体

## （一）基本概况

"鑫品美"品牌及其商标是由上海市金山区农业技术推广中心注册，为金山区农产品的一个区域公共品牌，主要涵盖了草莓、玉米、西甜瓜等金山优质农产品。"鑫品美"品牌主要应用于金山区的草莓，并以品牌授

权方式发展加盟户，通过严格把控生产规模、产品质量、场容场貌等措施标准，加盟联合体采取统一标准种植和病虫害绿色防控技术，从而确保农产品品质。"鑫品美"草莓，口感扎实绵软，风味自然而丰富，入口前，能闻到浓郁的香气，入口后，甜度高且甜味分布均匀。45天的等候，从显蕾到自然成熟采摘，能够甜蜜地与它相见。"鑫品美"在历年的全区及全市农产品质量安全抽检过程中都是安全优质产品。上海金山"鑫品美"草莓联合体，于2020年11月20日由金山区7家草莓生产专业合作社作为发起单位，由区农技中心、区科教中心和农联会联合创立的一家金山区草莓联合体。"鑫品美"品牌加盟户在历年的全市、全国质量评比中累计获得了数十个金、银、铜奖，其产品深受广大市民喜爱和欢迎，其品牌影响力不断扩大。

（二）举措与成效

创新实施"三+""三味"模式，以"鑫品美"平台建设为依托，以规范管理、品牌运营、技术服务为支撑，搭建高质量、多层次、全方位服务青年农场主的"大舞台"。

**一是"品牌运营+销售赋能"，线上线下齐发展，感受服务"真味"。**联合体在品牌运营上，以农产品区域性公共品牌——"鑫品美""金山味道"为依托，提升草莓产业品牌效应。此外，通过制定品牌管理办法，以此明确使用申请、授权、监管、退出等要求，并规范成员单位统一使用区域性公共品牌LOGO和包装设计。联合体利用"金山味道"抖音号、微信视频号的公众关注度，鼓励并征集青年农场主的随手拍视频，在平台上展示青年农场主的风采及金山优质农产品等，助推优质、特色"鑫品美"产品销售。另外，合作社在销售赋能上，搭建线上"鑫品美农产品"微信小程序商城、公众号，开展各类农产品知识讲解小课堂，并指导青年农场主开展直播带货，让青年农场主直接参与直播间并掌握直播带货销售技能。同时制定地推活动规则，指导青年农场主对接各企事业单位开展农产品地推活动，帮助开展线下销售。积极实施草莓产品销售价最低保护机制，确保青年农场主在专业化生产销售过程中，生产成本、销售价格等有所保障，鼓励其生产积极性。一年内，联合体通过线上线下、直播带货、多平台分销、大平台供货等渠道，累计完成销售增收 120 余万元。在取得阶段性成效后，又相继指导帮助青年农场主组建"鑫品美"旗下番茄、小皇冠西瓜、蜜瓜、玉米、葡萄、黄桃、柑橘等单品联合体，累计完成销售增收 160 余万元。

**二是"搭建平台＋规范管理"，还原服务"原味"。** 为破解金山农民合作社组织化水平低、合作意识不强、各自为政、自产自销的难题，以"鑫品美"品牌建设为切入点，在草莓种植户中优选 7 户青年农场主组建全区第一家草莓联合体，首批 7 户青年农场主核心基地面积 500 亩，草莓年产量 75 吨，约占全区草莓产量的 30%，以推进草莓种植、服务、销售的优化整合，提高组织化程度。联合体积极制定并发布章程、配送货承诺书等在内的各项管理制度，确定统一品种、统一生产标准、统一品牌、统一包装、统一价格、统一销售等方式；设立准入门槛，明确加盟准则，农场主加入草莓联合体需接受严格的资格审核，并集体讨论通过后签订加入联合体承诺书；建立会员退出机制，会员如出现违规经营、产品质量不达标、不使用统一品牌、不当利用草莓联合体资源等情况，将被取消会员资格。联合体通过进行平台化运营、规范化管理，切实提高了草莓产业的集聚效应，推动了产业增效、农民增收。

**三是"技术服务＋政策帮扶"，增强服务"情味"。** 采取"3+X+1"一体化运作模式，打通技术服务和政策帮扶渠道。其中，"3"即区农业技术推广中心、区农业科技教育信息中心、区农联会 3 家金山区农业农村委所属单位；"X"即青年农场主加盟户；"1"即具有奉献精神、主动服务意识的企业龙头。在运作过程中，区农业技术推广中心提供技术服务，区农业科技教育信息中心提供营销与品牌服务，区农联会负责日常监督管理。实践中，借助区农业技术推广中心技术资源，组织加盟户开展育苗、种植等技术考察，满足草莓联合体青年农场主关于品种选择、生产管理、病虫害防治等多方面的技术需求，并确定以"红颜""章姬""白雪公主"为代表的 3 个主推品种。此外，通过积极协调职能部门，由青年农场主成立的上海三支美农产品销售有限公司，负责对外统一销售。同时，通过开展政策帮扶，指导联合体 7 户青年农场主开展绿色认证，而且各户青年农场主的主推品种种植面积均在 90% 以上，专业化生产格局初步形成。

## （三）存在问题

**一是仍无法打破农户传统种植模式，生产标准未统一**。联合体目前联合7户青年农场主加入其中，未来还可以联合更多优秀农场主，准入标准即生产端产品的统一标准化。虽然联合体自己有生产标准，但是仍然无法打破农户传统的种植方式，生产端统一标准仍需持续不断的努力和发展。

**二是加盟农场数较少，仍需扩大，走市场化模式**。联合体中加盟农场的数量仍需进一步扩大，并需要进一步将传统农产品变成标准化的商品，最终彻底改变传统种植模式，将散户组织起来，进一步走市场化的模式。

## （四）未来展望

**一是加强销售端引领作用，激励生产端实现标准化生产**。产业化联合体以帮助农民、提高农民、富裕农民为目标，以发展现代农业为方向，以创新农业生产经营的体制机制为动力，积极培育发展具有带农作用突出、综合竞争力强、稳定可持续发展的农业产业化联合体。要想扩大联合体成员数量，就必须发挥联合体在销售端的引领作用，从而影响分散农户的种植观念，进而提升其生产端的产品标准，加速壮大联合体的成员队伍。

**二是加大将传统农产品变成标准化商品速度**。通过制定流通标准，以提高流通效率、减少流通损耗、降低流通成本；探索社区配送实现全程冷链物流运输，即在产地源头建立农产品低温保鲜库，农产品经过预冷库预冷保鲜后，用冷藏车运送到社区冷链工作站，社区工作站配备专业商用冷链系统，实时监控温度，实现从田间地头到百姓餐桌的全程冷链。同时，从产地集配中心、冷库等商品化处理设施入手，推动农产品在田头就变成标准化的高附加值商品，以惠及更多农户，从而增加联合体成员数。

# 二十二、上海仓桥水晶梨专业合作社

## （一）基本概况

上海仓桥水晶梨专业合作社成立于2004年3月，现有股东22名，社员175名，生产规模达1 615亩。合作社以上海市梨研究所作为生产技术的依托，以仓桥水晶梨基地的示范指导，对社员重点实施"三改""三推广"的管理，为打造品牌实行"六个统一"，即统一技术、统一商标、统一品牌、统一包装、统一质量、统一指导零售价，经多年努力已形成了自己的特色和品牌。

上海仓桥水晶梨合作社于 2005 年被当时的上海市农业委员会评为上海郊区 50 个重点合作社之一；2006 年、2008 年、2010 年在上海市郊区优质梨评比中，合作社选送的早生新水、翠冠和爱甘水分别获金奖、银奖和引进新品种奖；2008 年 6 月被上海市农业委员会、上海农村商业银行评为上海市守信农村合作社之一；2009 年和 2011 年被上海市农业委员会评为示范合作社；2010 年 3 月获上海世博果品特供基地；2010 年承担上海市科委关于《高接换种技术的应用暨优质中熟梨新品种的引进、示范推广》项目。2011 年合作社的"仓桥水晶梨"获国家质量监督总局批准成为国家地理标志产品，同年合作社被松江区科普教育工作联席会议办公室评为"松江区科普教育基地"。2012 年合作社被上海市农业委员会评为"上海市农民专业合作社标兵"称号，被上海市科普教育联合会评为"上海市科普教育基地"，被农业部评为"全国农民专业合作社示范社"；2013 年合作社被中国村社发展促进会特色村工作委员会和资源开发专业委员会授予"中国特色农庄"称号。

## （二）举措与成效

**一是积极与各大新电商平台合作。** 2019 年阿里巴巴旗下零售标杆企业盒马鲜生与上海市农业农村委签订战略合作备忘录以来，合作社作为授牌单位之一，正式与盒马鲜生签订合作合同，仓桥水晶梨进驻盒马鲜生，100 多名社员首次抱团对接中高端消费市场，主打两个品种——"自早生新水"和"翠冠"。自这两个品种入驻盒马鲜生 2 个多月以来，售出 2 300 多箱，股东社员钱金云种植的 20 多亩早生新水梨，比往年多获利 7 000 多元，为社员打通市场带来了希望。

**二是积极举办各种活动，加大线上宣传力度。** 合作社通过举办仓桥水晶梨科技文化节、认养定购梨树、梨园采摘一日游等活动，为产业发展开辟了新思路。合作社通过在各种平台宣传仓桥水晶梨从冬季修剪、人工授粉、疏花疏果、套袋、防病治虫、采摘、分级包装、销售等的全过程，让消费者了解水晶梨，以达到"果品树形象，文化聚人气"的目的。

合作社网站平台

（引自：http://www.cqshuijingli-hzs.com/cqshuijingli-hzs/pc/index.html）

### （三）存在问题

**一是电商物流成本高，平台压价严重。**合作社经营的产品水晶梨具有易腐烂、易损伤等特点，对物流服务具有严苛的要求。此外，各电商平台物流成本过高，加上物流服务体系不完善，压价严重，导致合作社选择电商平台销售产品的积极性不高。

**二是依赖各大电商平台，自有平台有待加强。**开发自有平台仅靠合作社宣传、线上会员制消费等方式进行引流，仍然无法迅速扩大消费者群体，无法切实提高销量。另外，由于网上交易仍然存在一定的安全性和信用问题，导致合作社开发自有电商平台心有余悸，从而影响了电商发展进度。

### （四）未来展望

未来合作社生产水晶梨仍然要严格按照绿色食品A级标准的要求，生产农艺、使用各种农资要符合绿色食品的使用要求，并严格检查指导，确保达到绿色食品的A级标准；仍然以市场为导向，以绿色食品A级果品生产为抓手，严格执行仓桥水晶梨质量追溯制度；要做到"人无我有、人有我优"，"梨"想在黄浦江畔成真，带动果农增收和乡村振兴。此外，要坚持办好梨花节、水晶梨科技文化游园节、水晶梨摄影大赛等宣传活动，以东方文明的古城、美丽永丰的乡村，以千亩梨花雪海、"至洁美梨"为抓手创新提升仓桥水晶梨品牌，并吸引消费者到水晶梨基地干农活、忆童年、怀故乡。要积极做好线上水晶梨品牌宣传工作，扩大品牌影响力，为线上销售做好基础铺垫工作。合作社将进一步与各大电商平台、各种媒体、各种营销平台进行沟通，以最大限度地利用新型和传统电商。要积极利用政府关于农产品电商发展的扶持政策，制定电商的市场运营方案及电商平台的风险规避措施。电商销售是一条稳定的销售渠道，其发展空间大，发展前景非常广阔，因此未来合作社将会把重点放在自有平台的开发工作上，以进一步扩大线上销量，开拓新的营销模式。

## 二十三、上海家绿蔬菜专业合作社

### （一）基本概况

上海家绿蔬菜专业合作社位于松江区叶榭镇，是以"合作社+公司+农户+基地"为运营模式的专业合作社，先后通过了"上海市安全卫生优质农产品""无公害农产品"认证，被评为"上海市名牌产品"。合作社在生产过程中引进 ISO 9001 与 ISO 14001 质量及环境体系，有力地保证了产品质量。基地生产实现全程标准化管理，建立了合作社自己的技术平台，机械作业率达到 98% 以上。2017 年，合作社以农户为根本，以农产品为载体，以"家绿"品牌建设为核心，统一标准、统一包装、统一品牌、统一价格，建立了产销联盟。合作社带领 40 家农户，辐射 3 600 余亩通过产销结合、线上线下融合，2019 年营业额达 1 200 万元，2020 年销售额增至 3 400 万元。合作社主要经营松江大米、小番茄、草莓、黄瓤西瓜、白甜瓜及各种一年四季的当地应季农产品，目前拥有完整的种植、生产、配送、销售体系，秉承"注重质量安全、优质服务"的宗旨，不断提高上海当地农产品的生产规模效益和质量标准。2019 年合作社在松江城区开设多家门店，建立线上销售平台，有效地帮助农户解决农产品销售难题，实实在在带领农户实现每亩增收 500 元的目标。2020 年合作社以农业生产为纽带，以现有客户为基础，打造 2 个体验式农场，深耕农耕文化，丰富农耕体验，推动产业融合发展，释放更多农业能效，带动更多农户增收。

## （二）举措与成效

**一是探索电商销售模式取得了巨大成效。**2017年合作社开始建立网上销售平台、开设微信公众号，开启了新零售销售模式。合作社于2020年陆续开通视频号、抖音号，并在2021年开发了一款松江农产品的APP。通过4年探索和实践，合作社各网络平台用户累积达到10余万，通过网上销售提高了合作社产品的知名度，2020年营业额达到3 400万元。

**二是开展各种促销活动，实现线下线上互动。**2017年合作社在松江城区开设多家门店，线下门店可以试吃、体验、购买；线上下单可通过顺丰配送到家。同时各门店举办各类活动，建立社群，并对社群客户进行每月一次的回访，进而通过获得的客户反馈及时预估市场需求，从而以此安排生产计划，促进了规模化生产。

**三是特殊时期探索出从田头到餐桌的可持续供应新通道。**2020年新冠肺炎疫情肆虐，为保障消费者对蔬菜的需求，合作社建设农产品品牌"家绿"牵头的地产蔬菜试水电商销售通道。"家绿"公众号商城在2020年初的疫情期间售出约20吨蔬菜，自"田头菜场"运营一天多，又售出约12吨蔬菜。"田头菜场"与叮咚买菜、盒马鲜生等电商平台不同，它需要关注区域内各个合作社和蔬菜种植户的生产实际，也将"田头"的实时生产情况直接带到市民"眼前"，这种新通道让专业生产者更专心于生产，把销售环节交归于专业的营销团队，在尽可能少受到市场价格变动影响的前提下，实现了利益共享。

"家绿"田头菜场

新冠疫情期间产品包装

合作社线上平台

## （三）存在问题

**一是缺乏从事专业电商的人才，电商运营成本较大。**农产品电商运营离不开专业从业人员和管理人员，电商平台运营包括调研、产品定位、管理分类、开发规划、运营策划、产品管控、数据分析、分析执行及跟进等，但目前由于合作社成员参加电商培训较少，造成人才缺乏，从而增加了电商运营成本。

**二是物流体系不健全，电商运输成本较高。**生鲜类农产品具有自身的特殊性，因冷链设施不足，成本过高。另外，因电商流通过程中的生产标准、包装均未统一，进入电商平台的经营主体有限，极大阻碍了农产品电商的发展。合作社的生鲜农产品为了保证新鲜度和完好度，物流必须采用顺丰、京东等大型物流企业，从而增加了运输成本。

**三是电商准入门槛低，电商压价严重。**电商准入门槛低，因此越来越多的农业经营主体纷纷加入电商行业。目前，各类电商平台纷纷为了不丢失市场份额，不得不实行各种促销活动，导致电商相互压价严重，从而使合作社利润越来越低。

### (四）未来展望

**一是进一步加大农产品电商发展规模。**我国农产品电商发展势头迅猛，从一定程度上看，已经初步实现了全国农产品的电商化，无论从农产品电商销售来看，还是从电商的覆盖面来分析，电商正在改变农产品交易的方式，也使得生产与流通更加顺畅，实现了供产销的一体化发展。合作社将加大电商投入和规模，提高自有平台销售量，并尽可能降低成本。

**二是加强品牌化建设，提供品质化服务。**合作社应强化品牌建设，完善电商运营体系，从理念上实现从吃得饱到吃得好、从买产品到买服务的转变；同时，还要更加注重产品品质和服务，实行标准化、品牌化运营，从根本上提升产品及服务的竞争力。

**三是积极探索电商新路径，加强"田头菜场"计划。**合作社要更加注重"家绿"公众号商城的蔬菜套餐实时更新，注重"田头菜场"背后的新地产蔬菜供应体系建设，做好从品种、定价、收购方式，到物流、仓储等一条龙服务，既要减少中间环节，又要让消费者体验更便捷和多元化的消费方式。此外，希望政府加大对这种产销对接模式的培育和扶持力度，盘活松江区内合作社和蔬菜种植户的蔬菜产销资源，加大对蔬菜种植品种结构的调整。

## 二十四、上海松林食品（集团）有限公司

### （一）基本概况

上海松林食品（集团）有限公司成立于1992年12月，坐落在素有"上海之根"之称、拥有黄浦江上游水质保护区水源、富有"气净、土净、水净"优势的农业园区的松江区。公司从1997年开始从事养猪产业，本着回归田园生活的理念于2001年创建了"松林"品牌，打造了集"种猪繁育、生猪养殖、加工销售"于一体的生猪生态产业链。目前，公司下属5个大型种猪场，饲养母猪近万头，年上市商品猪达20万头；同时，拥有年产6万吨饲料的加工厂和年屠宰加工能力达50万头的生猪屠宰加工厂，主要生产冷鲜猪肉食品、调理食品、腌腊食品等。2008年公司以养

猪场原有稻田为支撑构筑了"从养猪场到农田"种养结合的生态农场模式，利用种养结合的生态农场种植优质有机水稻，生产优质"松林牌"松江大米，形成了松林大米全产业链，将稻香送入千家万户。如今，上海松林食品（集团）有限公司成为了国家级农业产业化龙头企业，开设了150多家"松林牌"猪肉直营店、商超店和电子商务销售平台，通过统一建设和管理，将"松林牌"田园鲜猪肉和"松林牌"松江大米以高品质享誉沪上送到家庭餐桌。

上海松林食品（集团）有限公司网站（http://www.shsl.com.cn/）

## （二）举措与成效

**一是积极探索开拓电商业务。** 多年来，上海松林食品（集团）有限公司一直深耕于线下连锁经营模式，但随着互联网技术的飞速发展，为了适应互联网带来的变化，迎合电商发展，面向更多消费群体，公司通过创新与协同发展，逐步开拓及完善电商业务。2016年公司克服困难，在网上正式开通松林食品天猫旗舰店，使松林食品展现在电商的潮流中。2018年新型社区生鲜电商的兴起为市场提供了一个全新的生态环境，相比传统电商更快捷、更高效，更贴合生鲜产品的属性特点，于是公司抓住机遇，与叮咚买菜、盒马鲜生等新型社区生鲜电商开始业务合作，并推出了一系列广受大众好评的联名产品，使双方升华为牢固的合作伙伴。由于电商销售利益更大、发展空间大、发展前景广阔，且可以得到一定的政府扶持，因此，公司目前主要发展的销售方式为电商销售，主要平台有叮咚买菜、盒马鲜生、本来生活和自有平台等，且线上年销售量占比达到70%左右，年销售额占比约40%。

**二是特殊时期力争做好稳产，以保障民生所需。**2020年突如其来的新冠疫情为实体经济发展踩下了急刹车，非洲猪瘟所造成的猪肉短缺尚未完全恢复产能，"双重疫情"下却给注重电商发展的上海松林食品（集团）有限公司带来了机遇。众所周知，当一个全新的商业模式进入市场时，为培养用户使用习惯，需要在"市场教育"方面花费大量的时间及营

天猫网上平台（松林旗舰店）

（https://songlinsp.tmall.com/shop/view_shop.htm?spm=a220m.1000862.1000730.3.419c521fkfyLoU&user_number_id=2781319369&rn=75e9ec3a60afe092e662d06dae512199）

小程序（松林食品）

105

销成本，而在新冠疫情之下，很多消费者主动选择生鲜电商，养成了线上下单的习惯，"意外"完成了消费者的"市场教育"。松林食品得益于提前布局与始终坚守，抓住了机会乘势而起。2020 年上海松林肉食品（集团）有限公司在新冠疫情肆虐的情况下于 1 月 31 日复工，猪肉日供应能力达 22.5 吨以上，疫情期间确保了生猪供应。

### （三）存在问题

**一是产品同质化严重，未能走出自我发展的差异化道路。**在用户需求方式逐渐回归理性的后疫情时代，我国猪肉产能已基本恢复。新冠疫情期间生鲜电商企业虽然迎来了短暂繁荣，但从中长期来看，新冠疫情并不是促进生鲜电商企业发展的强心剂。在全国逐步复工复产，人们生活逐渐回归原有轨道的当下，公司的当务之急是加快补短板、强弱项，走出更适合自己发展的差异化道路，才能在消费者的心目中建立起与众不同的品牌，才能真正抓住发展机遇，实现乘势而为。

**二是电商人才匮乏。**农产品电商运营离不开专业从业人员和管理人员，但是由于专门电商对接机构缺失，且熟悉电商业务的人才较少，无法完成电商与农产品产销的对接工作，外加公司电商相关人员参加电商培训次数不多，导致电商人才极其匮乏。

### （四）未来展望

**一是不断探索电商业务，加强线上线下联动工作。**未来，生鲜市场消费的场景一定是多元化的，线上与线下零售将会是相互弥补的，因此，公司仍会不断探索电商业务，不断开拓电商渠道，不断促进良性业务的长足发展。同时，公司也会不断地完善线下实体零售，以便给消费者一个更直观体验和沟通的平台，因为线下实体不单是一个零售的渠道，也是一个社区交流的场所，良好的线下零售生态亦是电商业务发展的可靠依托。

**二是开发挖掘更多产品"线路"。**公司将更加注重开发丰富的产品"线路"，尝试以不同的产品特性来突破生鲜食材的时效及地域限制，让更多的消费群体有不同的选择。

**三是积极加强电商知识的学习，服务更好的电商业务。**公司将通过进一步积极学习电商新知识,以开发出更为实用便捷的新电商平台;通过进一步学习电商营销新知识,提高理念认知;通过进一步学习相关电商风险规避的新知识,以更好地服务公司电商业务发展。

## 二十五、元盛食品制造(上海)有限公司

### (一)基本概况

元盛食品制造(上海)有限公司成立于1995年,坐落于上海市松江区,早期以专业养殖、屠宰分割牛羊肉制品为主,后来延伸到以牛羊鸡等为主原料,进行油炸、烧烤等调理加工,尤其是牛肉制品,多年来积累了较强的分割加工及部位肉在中西餐方面应用的能力。公司致力于成为美味安全肉品的专家及提供者。公司以精湛的生产工艺、先进的生产流水线、优秀的员工以及精细的管理、健全的国内外销售网络,在市场上赢得了良好的口碑。目前,公司已形成一套完整的产业化链条,先后在国内设有多家大型牛羊屠宰及加工厂,投资总额约17亿元人民币,工厂总占地面积达到138.2万平方米;公司通过了ISO 9001量管理体系、HACCP食品安全管理体系以及FSSC 22000食品安全体系等认证,且持续保持高效运行;公司通过专业加工农产品不仅为消费者提供了安全放心、质量上乘、营养丰富、品种多样的肉类食品及其加工产品,也为推动企业所在地及原料基地所在地经济发展发挥了重要作用,同时还为解决当地劳动就业、带动农户增收发挥了积极作用;公司先后被认定为农业产业化国家重点龙头企业,全国农产品加工业示范企业等。公司于2012年、2013年从新西兰、澳大利亚分两批共引进纯种和牛3 000头,填补了国内规模引进纯种和牛生产的空白,打破了中国高档肥牛国外产品一统天下的局面。据了解,公司生产的和牛等高端牛肉,在市场上每500克最高能卖到2 500元,而且产业优势明显、链条完整、消费者认可度高。

公司"元盛"牌、"龍江和牛"牌系列肉制品原料来源于我国肉类产品的优势区域,具有品质优良、健康环保等特点,在公司完善且运行有效的质量管理体系、食品安全管理体系控制下,经先进的技术和精湛的工艺

元盛食品网站（http://yuansheng.babaipu.com/）

元盛食品的品牌

生产的肉制品质量上乘、营养安全、口感极佳，深受广大消费者青睐。公司产品畅销国内各经济发达城市，现已成为众多国际著名大型餐饮、超市卖场等连锁企业的主要供应商，客户包括百胜餐饮集团、王品餐饮集团等大型连锁餐饮企业。公司及产品品牌先后获第三届中国国际肉类产品最受关注风味肉制品、中国牛排领先品牌、上海名牌、中国食品安全体系建设示范单位等荣誉称号。此外，公司被税务部门评定为纳税信用 A 级企业，公司生产的"龍江和牛"牌系列和牛产品的产量、销量及品质在国内均处于领先地位。

（二）举措与成效

**一是与多家电商平台合作，积极开拓电商销售模式**。随着电商业的蓬勃发展，公司审时度势，较早地开拓了电商销售新模式，先后发展了淘宝聚划算、天猫、京东、食行生鲜、拼多多等多渠道并存的电商销售兼容模式。2017 年 9 月公司首次和京东自营进行战略合作，"双十一"当天销售额突破400万元，当月累计销售1 300万元，当年网销金额突破4 000万元。2020年实现网上销售收入9 000万元。2021年，公司实现网上销售收入1.2亿元，真正实现了让"龍江和牛"高端食品进入寻常百姓家的目标，为"龍江和牛""元盛"品牌享誉全国奠定了坚实基础。

京东元盛食品旗舰店（https://mall.jd.com/index-980891.html?from=pc）

**二是注重线上线下互动**。为打响"龍江和牛"品牌，公司实施了品牌战略，在大中城市设立产品专营店、体验店，与天猫、京东网站合作，同时开展线上线下互动，让网店与实体店的立体销售互相促进。

**三是实现全产业链的可追溯性**。为保证食品安全，追根溯源，在元盛食品的京东专属牧场，每头牛都有"芯片"身份证，通过电子耳标、物联网等技术，让每一头牛在全产业链实现可追溯，如果发现任何食品安全问题，在某一个点都可以在两小时之内找到问题源头，同时追溯到终端的产品客户。消费者也可以通过食品包装袋上的二维码，查看肉品的来源，真正实现全产业链各个环节的可追溯。

（三）存在问题

**一是物流冷链体系不完善，而且成本较高**。公司为了保证产品品质，牛肉产品需要全程冷链配送，但由于在新冠疫情等特殊时期，政府出台相关道路限制政策，外加配送偏远地区成本较高，配送范围受到一定的限制，物流成本的持续上涨在一定程度上影响了电商业务的快速发展。

**二是自有电商平台发展慢，销量较低**。由于公司多与传统大型电商合作，如淘宝聚划算、天猫、京东、拼多多等，而自有平台的年销量仅占总年销量的 10%，可能与缺乏网上交易的安全性和信用有关。

### （四）未来展望

**一是进一步加强品牌建设**。品牌是一个企业存在与发展的灵魂，意味着高附加值、高利润、高市场占有率。因此，加强品牌建设对于企业来说至关重要。公司计划在未来几年重点加强高档肉牛养殖示范与良种推广、深加工技术创新、新产品开发、上海食品加工标准化工厂建设，以进一步加强品牌建设。

**二是完善产品追溯系统**。加快供应链信息平台的建设，推进食品安全全程追溯系统及"互联网+"系统建设，以进一步提升企业综合竞争力和市场占有份额，为进一步推动当地经济发展作出更大的贡献。

**三是加大与各大电商平台合作力度**。公司将进一步加强与京东等知名电商平台的战略合作深度，通过在更多的区域设置区域仓等方式，扩大配送半径，以满足更多的消费者对公司产品的向往，同时有效提升公司核心竞争力，实现产品销售量再上新台阶。

## 二十六、上海汇蓝农业股份有限公司

### （一）基本概况

上海汇蓝农业股份有限公司于 2011 年 5 月成立，公司倾力打造的吾舍农场是亲子自然教育基地。吾舍农场坐落于上海松江区，是以种植蓝莓、草莓、樱桃、桑葚、橘柚、枇杷、葡萄等各类特色水果为主的新兴农场，农场占地面积 300 亩，农场内各项设施齐全，温室大棚 16 896 平方米、避雨防鸟设施 34 400 平方米，种植区内实现水肥一体化系统的全覆盖，种植有 8 000 余棵共计 16 个品种的各类特色果树，有 5 000 平方米室内活动空间和 10 000 平方米室外拓展场地。吾舍农场应用现代化管理技术手段，采用绿色种植技术，以自然、人文、生态等主题为切入点，通过服务儿童成长的自然生态教育为依托，结合先进的物联网技术，顺应农村供给侧结构性改革、新型产业发展导向，将休闲旅游、自然教育、生态农业相结合，已经初步形成了一个建立在农耕社区基础上的亲子及自然教育基地。吾舍农场通过各种渠道如政府网站、松江报、大众点评网等媒体集中进行宣传，在地铁站投放广告，进一步提升吾舍农场的知名度。2021年度农场为当地劳动力提供就业岗位46个，季节性用工岗位600余人次。此外，围绕自然教育，开展烘焙、印染、拓印等各类培训20余次，使受教育者达到近1 000人次。

吾舍农场入口（引自：https://www.sohu.com/a/278832495_100006247）

## （二）举措与成效

2017年以来，吾舍农场在松江区农业农村委、泖港镇农办等各级主管部门的正确领导下，通过整合资源和不断创新网络销售模式等多项措施，狠抓电商工作，取得了良好成效。

**一是参加惠农活动，实现线下线上紧密结合。** 吾舍农场积极参与各类惠农推广活动，通过丰收节、松江番茄采摘节、绿色产品展会等各类展会与节庆活动，积极推广吾舍农场的蓝莓、草莓、小番茄等各类特色产品，通过线下参展与线上展示相结合的方式，合理利用惠农资源为农场引流。

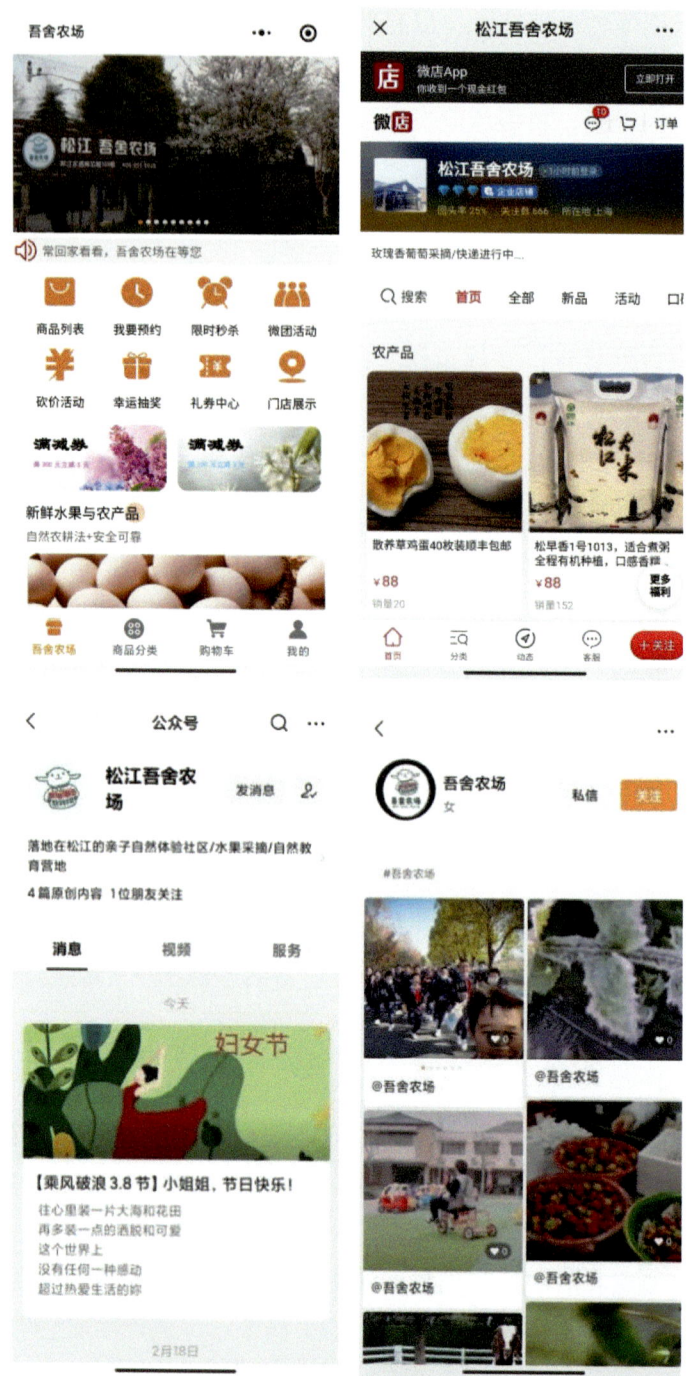

吾舍农场线上平台

**二是积极开发自有平台，并加大与各种平台的合作力度。**吾舍农场于2014年开通大众点评，是较早运用网络平台进行口碑宣传的农业企业。随着电商销售模式的发展，农场结合自身实际情况，根据农场的特色，自主完成吾舍农场的APP软件开发，并开通吾舍农场小程序、微店、抖音号、淘宝账号、拼多多账号、微信公众号等。农场利用自身优势，一方面利用抖音号、公众号、大众点评等线上资源，积极宣传农场的运营环境、运营模式及优势农产品，让客户通过网络了解农场产品的各类信息；另一方面针对农场种植特色，分阶段举办各类水果采摘节，为客户提供优质农产品及农耕文化体验，在体验与互动的过程中，深化对吾舍农场品牌的认可度，进而引流到各类线上平台。这样的线上线下联动，更好地提升了用户的体验感，增加了客户的黏性。此外，农场与建行惠农平台合作，通过网红直播带货的方式，进行农产品的销售；与盒马鲜生合作，借用大平台的优势，解决农产品集中上市期的销售问题；与叮咚买菜合作，签订产品定值协议，并根据协议内容提供优质农产品。吾舍农场正在与时俱进，不断摸索新的电商销售模式，以期为农场带来更好的发展。

### （三）存在问题

**一是农产品流通缺乏统一的标准，流通效率有待提高。**吾舍农场的农产品大多是鲜果类，受物流时限、运输温度等的影响较大，2022年收到的客户投诉，90%以上是因物流运输不及时导致产品腐烂。

**二是品牌协同效益差。**吾舍农场带动周边各大农户，纷纷种植蓝莓、草莓、樱桃、桑葚、橘柚、枇杷、葡萄等各类特色水果，且由于受电商发展的吸引，各农户均自发经营，通过各大电商平台、自身电商平台及社群等直接售卖农产品，但受种植产品品类限制，销售周期短，产业链短，出现农产品销售连续性缺乏的现象，难以形成统一产业品牌，减弱了市场竞争力，从而导致品牌效应降低。

### （四）未来展望

**一是建议政府进一步出台农产品电商扶持政策。**建议政府部门或相关行业协会根据各农业经营主体和电商平台对农产品的生产技术和流通的要求，构建专家评定体系，加快《上海地产农产品生产技术和流通标准》白皮书的编制进度，从农产品的生产、农残检测、包装、物流配送、损耗责任等各个环节制定具体可操作的标准。由于生鲜水果具有其特殊性，因此，建议政府加大物流补贴力度。

**二是加强电商培训学习，加速电商发展。** 通过组织各种电商业务大赛等活动，并对产生的冠亚季军给予一定奖励，从而促进现有从业人员提高学习电商业务知识的积极性，不断提升其综合能力。此外，建议政府通过学历教育、职业培训、技能大赛等途径，打造国内领先的农商互联培训体系，立足上海，面向全国，培养更多的农商互联的电商人才。同时通过积极引进电商人才，加速电商发展。

## 二十七、瀛久农业科技发展有限公司

### （一）基本概况

瀛久农业科技发展有限公司（简称"森鲜馆"）于 2006 年成立，成立初期主要销售的产品为合作社生产的高质量农产品。2016 年，森鲜馆紧跟电商发展潮流，为了实现互联网时代下的森鲜馆农业转型之路，以"新农业＋互联网＋社区"的全新经营模式，立足松江构建高端绿色农业增值服务平台，以自有物流为支撑开发宅配送服务，凭借迅捷、安全、人性化的用户体验，在上海地区建立起良好的口碑，农产品亦多次荣获"上海名牌"。2018 年，森鲜馆响应时代号召，积极参与消费帮扶工作中，集纳帮扶地优质农产品生产合作社和生产基地，引入大量具有当地特色农特产品，以线上电商平台与线下标准化菜场相结合的形式，有效释放上海地区的消费帮扶潜力。自 2018 年参与消费扶贫以来，森鲜馆至今累计帮扶了对口地区（云南省西双版纳、易门、临沧和贵州、新疆、河北丰宁等）销售农特产品金额 2 亿余元，让 14 000 多户建档立卡贫困家庭受益，并使之生活得到改善。目前公司的主要销售渠道有会员私人订制、自有超市售卖、食堂配送、电商销售等。在新冠疫情期间，公司开始和盒马鲜生合作，升级产品包装，提高电商销售量。

# 第四章 上海新型农业经营主体典型案例

"森鲜馆"体验店

（引自：http://www.mjshsw.org.cn/n2967/n3045/n3265/n4661/u1ai1935320.html）

## （二）举措与成效

**一是线上线下齐发展**。森鲜馆以市场机制实现供给与需求的连接，打造对口地区优质产品与上海地区高附加值销售的绿色通道，以自主构建的微信小程序销售平台为主战场，以淘宝等其他电商平台作为电商渠道的补足，业务覆盖全国各地。线下则以"森鲜集市"作为体验旗舰店销售中心，为上海地区的客户提供自助提货服务，提供高品质的购物体验。此外，森鲜馆还不断延展对口支援地区的产品销售渠道，通过线上线下宣传，进一步提高上海消费者对消费帮扶产品的认可度，由此帮助对口支援地区农户增收致富，增强他们投身农业生产的积极性。

**二是开发自有物流，降低物流成本**。森鲜馆采用自有物流配送，力求实现时效性更高的"同城当日达"，为用户带来更好的配送服务体验。2020年，在新冠疫情影响、实体销售推广受限的情况下，森鲜馆团队开拓创新，为市民提供无接触配送服务，积极与多个销售渠道对接，如盒马鲜生、易居乐农、爱护网、建行线上菜篮子等，服务覆盖253个社区，共计推广销售消费帮扶农产品逾240万元，为上海市民提供安全、放心的农产品供应渠道，获得客户的一致好评。

**三是运用各种新媒体手段，开拓多元化电商销售途径**。森鲜馆积极运用各种新媒体传播手段，通过展会推介、直播销售等多元化途径，以森鲜馆品牌在上海地区的优质口碑为保障，倾力帮助消费帮扶产品在上海地区的销售，落实电商的营销推广，帮助对口支援地区农特产品"出圈"。2021年，森鲜馆联合松江区妇联进行滇味小厨首场消费扶贫公益直播，2小时的直播吸引了超25万人观看，成交额超22.5万元；同时，民建联合上海市委、河北省丰宁满族自治区人民政府、拼多多等共同举办"脱贫攻坚上海民建在行动——丰宁消费扶贫专场"网络直播活动，仅1小时就售出2 000单丰宁优质农产品。此外，森鲜馆还联合松江区民政局、松江区慈善基金会进行"公益同行、精准扶贫"中华慈善日消费扶贫公益直播，连续3周，每周直播2小时，共计成交额超30万元。如今，电商直播带货模式与消费帮扶农产品销售的契合程度，呈现持续提高的势头，表现出了巨大的发展潜力。

**四是加强电商经营人才培育**。对于当下新农业人才缺口大、孵化难度高的问题，本着"授人以鱼更授人以渔"的营运理念，森鲜馆始终关注农业人才的培养。2020年森鲜馆团队前往西藏开展电商直播活动时，组织专业讲师，以当地的新农人、农民合作社负责人为培训对象，进行"农产品品牌化"为主题的专业培训，以期将互联网经济的火种留藏在高原农户的心中。除了在对口支援地区的短期"对外输出"，森鲜馆还组织当地的大学生和农业创客"入沪交流"，在设立于上海松江的米舍商学院与新浜农创中心，充分发挥农商研学、文化体验、交流共享的作用，为培养更多"知农业、会营销、懂电商"的新农业人才铺路搭桥，继而推动更多地区

"森鲜馆"消费扶贫直播专场（来源于百度图片）

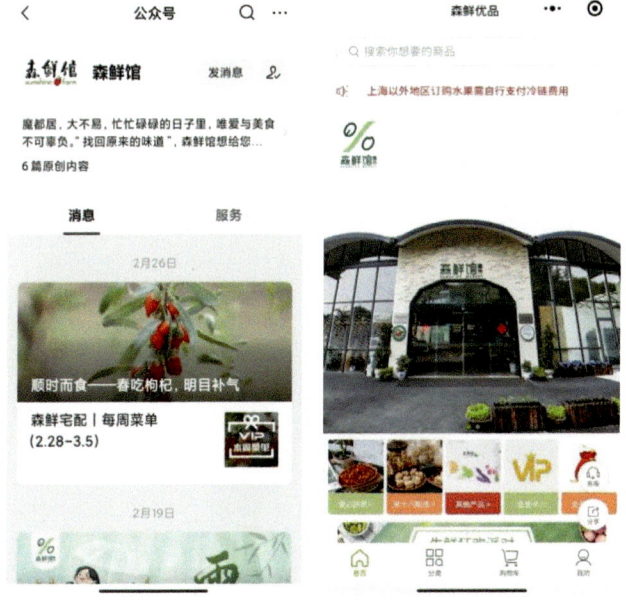

"森鲜馆"线上平台

的优质农产品"触电"上网。

（三）存在问题

随着森鲜馆业务的不断发展，其经营的农产品品类越来越丰富，加上由于大力宣传，消费者数量也不断增加，同时供应链管理压力也随之加大。目前，供应链系统需要进一步优化。森鲜馆虽然具有自有物流，但是物流规模与服务品质仍需进一步提升。

（四）未来展望

未来，森鲜馆将进一步落实电商渠道的完善与优化，从优化自有平台以挖掘渠道深度，到开发其他渠道以拓展渠道广度；扩张与之配套的专业化电商团队规模，齐抓共管，力求形成多平台共同推进的局面。在此基础上，森鲜馆将对现代农业、电子商务、消费帮扶进行更多深层次的创新与融合，通过电商解决农产品"销售难"的问题，提高收入水平和农业生产经营效率，帮助农户增收致富，激发农业从业者的积极性，切实巩固脱贫攻坚成果，并实现与乡村振兴战略的有效衔接。

# 二十八、上海子田农业专业合作社

## (一)基本概况

上海子田农业专业合作社位于上海松江区叶榭镇,于 2016 年成立,合作社以叶榭软糕为核心,稻香民宿为载体,致力于推广叶榭软糕、松江大米的品牌文化,传承米匠精神,是松江大米文化体验地,也是一家开在稻田间的新鲜米铺。合作社从卖"稻谷"到"卖大米",从"卖大米"到"卖米糕",并从"卖大米"升级为卖品牌,再到如今正在探索的"卖体验"。合作社注册的"八十八亩田"商标已经走过了农业发展的 1.0、2.0 版本,正在努力向 3.0 版本迈进。合作社将一二三产业完美融合,将"八十八亩田"打造成了松江大米文化体验地、一个米文化乐园、一座大米文化的精神堡垒。合作社近年来的主要工作集中在大米的细分领域研究和精准营销渠道研发,创建了自有品牌"有米是吉",并搭建了自有电商平台,如微信小程序和社群营销等,且自有电商平台的年销售量占到了总年销售量的 30%～50%。合作社的"八十八亩田"通过自有电商平台和社群推广营销,每年的农副产品营业额在 150 万元左右。

松江大米文化体验地("八十八亩田")

(引自:https://www.sohu.com/a/391896967_653473)

## (二)举措与成效

**一是积极创建自有电商平台,加大线上线下联动。**合作社于2019年创建了"八十八亩田"自有电商平台——"八十八亩田"鲜米铺。自有平台注重整体网页的设计风格,不定期地进行更新,使小程序界面的整体视觉不断突破和创新,给用户带来全新的视觉冲击和产品创新力。由于合作社注重大米的细分,因此在近几年一直不断地探索升级,细分的大米包装也在不断升级,"八十八亩田"鲜米铺小程序也同时开发细分产品销售模式,实现电商精准营销。同时,"八十八亩田"还被打造成了线下松江大米文化的体验地,从一片稻田的守候到12个家庭农场主的专业和热爱,从三两间民宿到放慢生活的感悟,从一片森林到稻田活动场的肆意,合作社领办人朱燕和她的伙伴们一起将一二三产业完美融合,把"八十八亩田"打造成了松江大米文化体验地、一个米文化乐园、一座大米文化的精神堡垒。合作社使"八十八亩田"实现了线下线上的紧密联动,大大推动了合作社的发展。

**二是积极开拓互联网运营模式,开启社群营销模式。**合作社除了"八十八亩田"鲜米铺自有电商平台外,还积极加入社群营销模式,根据大家对大米品牌的认可、大米口感的统一要求建立有效社群,通过某种载体(如微信朋友圈、论坛、短视频平台、QQ等多种平台)聚集人气,通过合作社产品或服务满足客户需求,将松江大米推给更多的用户,让更多人品尝到松江大米和叶榭软糕,了解他们的品牌文化和历史传承,还通过其他时令小食的宣传和推广,让更多的人了解本地特色、本地文化。

**三是研发大米衍生产品,扩大品牌影响力。**合作社以松江大米为主要原材料制作叶榭软糕,打开大米消费新渠道,并且还将米制品叶榭软糕放在自有电商平台上进行宣传和销售。叶榭软糕作为上海非物质文化遗产,距今已有400多年的历史,"八十八亩田"创始人朱燕是叶榭软糕的非遗文化传承人,带领团队致力于推广传统文化,实现非遗复兴,产业复兴。此外,对叶榭软糕进行全新的产品划分、品牌升级,运用电商平台向更多的用户进行推广宣传。同时,"八十八亩田"不仅将叶榭软糕作为当地特色的点心售卖,还将软糕的体验活动纳入线下体验活动策划的重要板块,客人不仅可以品尝到悠久的历史味道,还可以参与软糕的制作,一边听阿姨讲解叶榭软糕的故事，一边学习软糕的制作方式，用浸入式体验的方式，将非遗文化传承下去。

"八十八亩田"的产品（引自：https://www.sohu.com/a/391896967_653473）

合作社线上平台

## （三）存在问题

**一是自有电商平台存在一定局限性。** 合作社创建的自有平台至今已三年有余,虽然采用各种方式(如会员制、线下联动等)吸引了更多客户,但是仍然存在私域流量受限制的现象,无法获得更多的流量,使得合作社在平台上的推广、宣传、销售均受到了一定限制。这也是众多农业经营主体共同面临的流量少、销量低的问题。

**二是产品标准不统一,自相压价严重,品牌发展受限。**合作社主要经营松江大米、叶榭软糕,虽然合作社对其生产都有一定的标准化要求,但是由于市场上同类产品的品质未形成统一标准,存在品质参差不齐的乱象,外加市面上各品牌间相互压价严重,对合作社产品的推广和宣传形成了影响;同时市场价格不统一、标准不一致,扰乱了用户的认知,对合作社全身心投入的品牌发展也产生较大影响。

### (四)未来展望

**一是加大与其他平台合作力度,进一步增加流量。**合作社今后将进一步加强与其他电商平台合作,如淘宝、京东、天猫、盒马鲜生等,运用更大平台,获得更多流量,以进一步实现全面的宣传、推广、营销。同时借助政府层面,积极与公益平台如"鱼米之乡""金山味道"等实现对接与入驻,并积极参与政府、其他电商平台举办的各种促销和直播大赛,通过政府搭台,加快与其他平台如支付宝等的对接速度,通过网商贷资本优势扩大客户群体,提高品牌曝光度和影响力。

**二是加强产品生产标准体系建设,实现供产销数字化。**根据市场及政府对农产品的品质要求,制定集生产、农残检测、包装、物流配送等一体化的生产标准体系;同时,构建农产品生产和农业基地信息库,搭建农产品源头检测机制,统一产品品质和农药残留的检测标准和流程,公开相关检测数据,从源头提升农产品的数字化和标准化水平。建立物流信息发布机制,实时显示自有电商平台流量、产品关注人数和销售量,实现供产销全链条数字化。此外,构建产品安全防火墙,提高产品和品牌在市场上的辨识度及影响力。

**三是加强品牌塑造,加大宣传力度,进一步提高品牌竞争力。**合作社将加大对产品的口感、包装、营销的研发力度,集中打造品牌,充分利用各种媒体及政府搭建的平台进行宣传,切实提高品牌影响力和市场竞争力。

# 二十九、上海大山合菌物科技股份有限公司

## （一）基本概况

上海大山合菌物科技股份有限公司是上海市高新技术企业，是以食用菌干制品及其精深加工产品的研发、生产、销售为一体的高科技股份有限公司，在全国范围内建立有10多家子公司及生产基地，产品远销70多个国家，在国内通过大型商超、电子商务、终端连锁等渠道将产品销往全国各省市。公司与教育部功能食品工程研究中心联合成立健康食品联合研究所，长期与上海市农业科学院食用菌研究所、江南大学、上海海洋大学、吉林农业大学、长春中医学院等科研院所开展深度合作，拥有国内外的食用菌专家、营养学专家，确保了公司在食用菌领域的科技领先地位。公司重视研发与保护，目前公司拥有授权发明专利9项，遥遥领先于同行，"大山合"菌菇产品被认定为上海市地产产品，"大山合"商标也被认定为上海市地产商标，在业内享有较高的美誉度。公司旗下"大山合"及"太然"两个品牌，以食用菌南北干货及深加工食品为主营业务，在做实做好外贸与内贸线下市场生意的前提下，近几年着力开拓线上市场，包括大型电商平台如淘宝、天猫、京东、拼多多、1688销售渠道，同时进入以盒马鲜生、淘鲜达等线上线下双结合销售渠道，并在目前消费趋势迅猛的社区、社团等新零售渠道也得到了广大渠道商及消费者的欢迎，网络直播带货也颇有收获。

"大山合"公司网站（引自：https://www.dashanhegroup.com/）

## 第四章 上海新型农业经营主体典型案例

公司调味品"太然"品牌产品
（引自：https://www.dashanhegroup.com/h-col-121.html）

公司功能食品"大山怡生"系列产品
（引自：https://www.dashanhegroup.com/h-col-132.html）

公司粮油调味"大山合"品牌产品
（引自：https://www.dashanhegroup.com/h-col-134.html）

## （二）举措与成效

**一是积极探索与各大电商平台合作，扩大线上销售渠道。** 公司近几年来积极探索与各大电商平台合作，在天猫、拼多多等电商平台先后开通线上直营销售店铺，如天猫旗舰店、拼多多旗舰店、1688实力工厂、抖音精选联盟等。公司在盒马鲜生、叮咚买菜、抖音等平台上年销售额为100万元以上，年销售额占年总销售额的5%左右。由于公司经营食用菌干货等产品，礼盒包装颇受众多客户青睐，每年的春节前是电商销售的最好时机。公司目前拥有稳定的电商销售店铺，由于减少了中间商，使得产品利润得到了大幅提升，发展前景极其广阔。

**二是拥有稳定的电商运营团队。** 公司通过多年的电商运营，并根据公司的运营战略以及市场发展目标，公司统筹电商的策划、美工、分销、客服等一系列岗位，现已形成稳定的、专业的电商运营团队。团队在指导市场的开拓、协调相关部门的工作、加速产品的开发、加大线上销售量等方面起到了至关重要的作用。

**三是线上线下齐发展。** 随着互联网时代"红利"的消失以及线上引流成本的成倍增长，电商行业竞争的焦点已从以往的单拼线上，发展到线上

"大山合"线上平台

和线下的协同融合，线下实体店的价值重回主战场。因此，公司在电商发展迅速的情况下，仍然不忘根本，极其重视实体店的经营，突出除了产品还要售卖服务。从而公司通过线上举办活动，吸引客户关注，并引导客户到店消费，如集赞获得小礼品、半价商品转发等活动。此外，公司将销售团队分为直营组、分销组、新零售组三个团队，三个团队在2022年实现了2 000万元以上的销售收入（不含线下招商成交数据）。

（三）存在问题

虽然近几年公司着力开拓线上市场，但是电商年销售额仅占5%左右，因此电商业务仍待进一步提高。公司主要经营食用菌干制产品，从外省市采购原材料比例高达80%，但是由于各地区未形成统一农产品标准，外加检测体系不完善，往往存在品质参差不齐的问题，大小、色泽不一，甚至出现损伤。此外，由于大型电商平台准入标准要求高，迫使公司提高原料成本，提高产品质量，加重了公司的采购负担。随着我国品牌化发展速度的加快，品牌的重要性日益凸显。而且客户对农产品的信任是建立在品牌效应上，但是针对公司多年来电商发展现状的分析，目前消费者对农产品品牌的信任度仍然不是很稳定，加上农产品质量问题层出不穷，严重挫伤了消费者的信心，直接影响了对公司产品的购买欲望。公司多年来经过品牌定位满足消费者需求、做好每个产品对其积极推广，产生了一定的品牌效应。但是目前公司的现状是品牌缺乏高溢价，存在刚性壁垒。

（四）未来展望

**一是加大互联网营销力度，提高电商销售占比。**针对电商业务占比低的问题，公司正逐步提升其占比。要充分利用互联网营销，借助大型电商平台推出的促销活动，如"双十一"、春节等，大力宣传推广产品。随着公司战略的调整及渠道转化的精耕，在未来1~2年内有望实现1亿元以上的销售规模，让更多消费者买到"大山合"的优质产品。

**二是加大农产品标准化建设，提高产品品质。**标准化建设是一项系统工程，包括产品质量标准化、产品检测标准化、物流标准化等。公司应加快标准化建设，完善检测机构，强化员工的标准化意识，并加大对农产品标准化的投入，加强标准化队伍建设。

**三是加强品牌建设，提高品牌溢价。**坚持品牌的战略定位，特别是向消费者传递的一切信息都不应与品牌战略定位发生冲突；要提炼品牌的核心价值，特别是让消费者付高价购买应具有充分的理由；要着力塑造公司品牌的良好形象，提升公司产品在客户心目中的亲切感；同时要加大创新力度，研发新产品，开辟新市场。

## 三十、上海申裕鸽业养殖专业合作社

### （一）基本概况

上海申裕鸽业养殖专业合作社于2008年成立于上海市奉贤区庄行镇，主要经营鸽子、家禽养殖，及销售鸽子、禽蛋以及所需要的饲料，并提供鸽子养殖领域的技术信息咨询服务。合作社经过十几年的发展，基本形成了稳定的基地、稳定的生产规模、稳建的技术操作规范、稳定的产品质量及数量。合作社常年存栏种鸽5万余对，销售各类肉鸽80余万羽，其中标准化基地场3.5万～3.8万对种鸽。随着现代社会的快速发展，新生代市民为适应快节奏工作环境，形成了网购、快递、配送上门的需要。网购方式的迅猛发展，使之成了新时尚。因此合作社充分发挥产品的品牌优势，转变营销策略，快速发展起了多元化的电商营销新模式。

### （二）举措与成效

**一是积极加入上海市公益性电商平台，促进电商加快发展。**上海市政府构建了多家公益性电商销售平台，如鱼米之乡、浦农优鲜等，为上海市农产品电商销售提供了便利。由于合作社主营禽蛋销售，因此依托公益性平台，网挂产品品种、数量、价格，实行网上预定模式，并根据客户提供的地址、收货时间及时送货。此种模式实现了按需屠宰，保证了产品的新鲜度。2021年，合作社通过电商的销量达31万羽左右，占总销量的38%左右，所得效益增加5%左右。

**二是加大从事电商物流人员的投入。**公益性电商平台的物流运输大都与快递公司合作，如顺丰、京东等，但快递公司的快递人员较多，管理困难，经常出现鲜蛋破损等现象。因此，合作社为了保证产品品质、降低损耗率、减少成本，精选一批诚信度好的物流工作者，作为电商成员参与物流。

**三是激发品牌效应，扩大销售渠道**。品牌效应是企业形象的有效标志。实际上，品牌是企业产品质量、特征、性能、用途等级的概括，凝聚着企业的风格、精神和信誉。要积极开展各种营销活动，并加大合作社产品品牌创建的力度，大力拓展农产品销售渠道，进而使电商有效淡化市场疲软的状况，让品牌效应进一步凸显，进一步拓宽电商销售的渠道。

合作社线上平台

### （三）存在问题

**一是电商销售占比有待提高**。合作社产能有限、产品单一，且多为鲜活产品，无法满足如拼多多、叮咚买菜、盒马鲜生、本来生活等大型农产品电商平台的订单化供应。

**二是与电商平台合作存在一定局限性**。合作社入驻电商平台后，面临着冷鲜禽产品屠宰问题。冷鲜禽产品需要制定集中屠宰、屠宰规范等规章制度，而入驻的电商平台又有自己一定的准入标准，因此，合作社的屠宰问题成为电商发展的一项难题。

**三是设备设施投入高，希望政府出台资助的相关政策**。合作社经营的活禽，从活鸽到脱毛净膛，特别是在高温季节需用的温控设备等一类设施的投入较高，但市区两级政府部门未出台相应政策以支持电商销售中的设备购入与维修等，导致合作社投入过高，从而使合作社难以提高经济效益。

### （四）未来展望

**一是进一步加大与电商平台合作力度**。从发展趋势看，电商销售是一种必然的发展趋势，既能解决消费者的便捷消费问题，又能解决活禽运输中存在的多种风险。因此，合作社将积极与各大电商平台、各种媒体、各种营销平台紧密联系沟通，以最大限度地利用各种电商渠道促进产品销售。此外，要积极参与其他大型电商平台举办的直播大赛、线下展览、线上促销等活动，并加深与公益性平台合作，以及创建自有平台，如微信、小程序等，提高自身的影响力。

**二是建议政府制定农产品生产与流通相关标准，指导农产品电商发展**。建议政府部门或相关行业协会根据各农业经营主体、电商平台对农产品的生产和流通的要求，构建专家评定体系，加快《上海地产农产品生产技术和流通标准》白皮书的编制进度，从农产品的生产、农残检测、包装、物流配送、损耗责任等各个环节制定标准，以指导农产品电商的发展。

**三是建议政府出台相关电商扶持政策**。建议政府出台避免电商压价、对设备设施资助等政策以支持农产品电商的发展。实际上，电商销售是一条稳定的销售渠道，其发展空间大、发展前景非常广阔，因此未来合作社将重点放在自有平台的开发上，以进一步扩大线上销量，开拓新的营销模式。

## 三十一、上海玉章禽蛋专业合作社

### （一）基本概况

上海玉章禽蛋专业合作社位于上海市奉贤区庄行镇，于2008年成立，主要从事梨树的种植和蛋鸡、梨园草鸡的养殖，现有社员20名，是上海市市级示范合作社和奉贤区A级合作社。由镇、区林业站、兽医站派遣专家指导合作社的日常生产和技术。合作社定期开展与果树种植、草鸡养殖有关的生产培训、技术交流和信息咨询服务等，积极推动合作社的生产经营发展。合作社建立伊始，就致力于打造绿色、环保、循环的新型农业，在生产体系中强化生态农业理念，注重梨树种植与草鸡养殖有机结合，逐步摸索并建立了"鸡—鸡粪（通过好氧发酵的有机肥）—梨树"的种养结合模式，被评为上海市十大推广种养结合模式之一，现已将种养结合模式示范梨园和水稻田增加至500多亩，并成功注册"梨园农庄"和"玉章"商标。

（二）举措与成效

**一是积极尝试电商销售模式。**合作社在2008年成立之初，便开始尝试通过电商模式进行产品销售，曾入驻360、百度等推广平台，创建了企业自有微信公众号，发布商品信息和广告等。此外，合作社还尝试与大型电商平台合作，如苏宁易购、京东等，进一步探索各种电商销售新模式；同时通过与其他的一些销售平台、机构合作，以流量共享等方式方法尝试开拓产品的新的销售渠道，增加产品销量。

**二是线上线下紧密联动。**合作社以农产品安全、绿色、品质第一为宗旨，经过长期以来坚持不懈的努力，线下年销售占比达70%以上，年销售总额达500万元以上。合作社紧抓线下销售的优势，并采取线上线下联动的方式，将线下客户引至线上，并根据不同的销售方式和客户的实际要求，采用不同的包装和送货模式，以满足不同群体和新老客户的惠顾。

**三是特殊时期开启零接触配送模式。**在新冠疫情期间，合作社积极响应零接触配送的号召，在线上平台推出零接触销售配送模式，采用塑料包装方式，减少生鲜鸡蛋损伤率，实现零接触配送。

合作社"梨园农庄"品牌（引自：微信"梨园农庄少庄主"）

合作社线上平台

## （三）存在问题

**一是自有电商平台存在较大局限性。** 合作社大部分自有平台为微信、抖音等，这些平台极易上线，客户维护成本低，效率高，收益稳定，但存在流量小、发展慢等缺点。如抖音虽然依托平台自带大流量优势、用户黏性大，让粉丝与抖音号间形成更紧密的联系，且可以与淘宝合作，但是抖音电商竞争激烈，且该电商平台流量分配不可控，主动权掌握在平台方，一不小心就有可能会被限流。

**二是与大型电商平台合作投入资金较高，利润相对较低。** 由于大型电商平台准入门槛较高，对产品的品质、包装等标准化要求高，合作社又主营易碎、易腐的禽蛋类，外加不同电商间压价严重，因此合作社在百度、360等网站推广6年多，投入平台的资金对于合作社来说相对较高，利润相对较低。

**三是物流运输成本偏高。** 大部分快递公司对鸡蛋、草鸡、瓜果等农产品快递业务积极性不高，损耗大、赔付率较高。政府虽然对快递物流进行补贴，但是补贴力度不大，仍然存在物流成本居高不下的状况。

（四）未来展望

目前，电商的发展出现了网上购物逐渐成熟的局面，短视频的火爆也逐渐形成新的购物方式，从而让人们意识到可以更方便地买到所需要的产品，作为农产品的提供方，准确定位好自己的客户群体，以产品品质为前提，为客户及时提供他们所需的优质农产品，以不断地巩固和发展优质和潜在的消费群体，使合作社的社会效益和经济效益不断提高，从而使合作社不断地、健康地、可持续地得到发展壮大。

**一是加大与其他电商平台的合作力度，提高自身影响力**。积极参与政府及其他电商平台举办的直播大赛，特别是应与公益平台如"鱼米之乡""金山味道"等对接，提高线上销量。

**二是建议政府出台物流服务方面的政策，大幅度降低物流成本**。合作社间应组建农产品电商服务团队，并与京东、顺丰等物流企业进行沟通协调，统一协商包装、快递等收费标准，为各合作社提供物流配送等专项服务，以降低物流成本，提升物流质量；建议政府部门进一步提高物流补贴水平，建立健全补贴落实机制，并与各大物流企业如京东、顺丰、邮政等签订物流价格控制协议，出台快递成本补贴政策等。

**三是加强电商人才培训，提高电商从业人员的综合能力**。通过组织各种电商业务大赛等活动，着力打造农产品电商销售杰出人才，从而激发现有从业人员学习电商业务的积极性，进而不断提升其综合能力。

## 三十二、上海塞翁福农业发展有限公司

（一）基本概况

上海塞翁福农业发展有限公司成立于2008年，是一家集采购、生产、研发和销售为一体的综合性农业企业，主要经营食用菌、南北干货、炒货、海产品、粉丝、杂粮等多个系列产品。公司总部坐落于上海市奉贤区奉贤经济开发区生物科技园区（东方美谷核心区）高丰路666号，公司拥

有的厂房占地面积近40亩。通过近年来的快速发展，公司在上海、福建、黑龙江、陕西等省（市）建立了十几个生产基地和国内销售办事处，已成为家乐福、沃尔玛、欧尚、世纪联华、天猫、京东、盒马鲜生等线上线下几十个国内外知名大型零售连锁企业的主要供货商。此外，公司成功开发出300多种优势产品，并获得农业产业化国家重点龙头企业、国家守合同重信用企业、G20杭州峰会食材总仓供应企业、农业产业化上海市重点龙头企业、上海好商标、上海市著名商标、上海名牌、上海市"专精特新"中小企业等多项荣誉。

公司本着"以人为本、勇于开拓"的管理理念、"品质为根、诚信为本"的经营理念、"客户第一、服务至上"的服务宗旨，从原材料采购到生产的每一个环节，严格按照国家食品质量安全标准进行仓储、生产、加工和销售，以售前、售后服务以及实惠的价格，真正让消费者"买的放心，吃的舒心"，赢得了广大消费者的赞誉和信赖。公司于2009年获得区级农业产业化龙头企业称号，所销售的产品成为了畅销精品；于2011年获得上海市农业产业重点龙头企业称号，2012年获得上海市"专精特新"中小企业称号，2015年获得上海市"二星级诚信创建企业"称号。

塞翁福公司网站（http://www.saiwengfu.com/）

## （二）举措与成效

**一是积极开拓线上宣传销售平台**。公司自成立之初就开设了网站，介绍了"塞翁福"品牌的发展历程，并通过展示各种产品，如干货系列、杂粮系列、炒货系列等进行网上宣传，以扩大品牌知名度；公司目前以电商销售为主,且较早地入驻如京东、淘宝等大型电商平台,并积极参与平台的各种宣传活动,以进一步扩大品牌影响力。此外,公司还通过自建微信公众号、视频号等,探索自有电商平台发展模式,打造平台电商与自有电商相结合的电商销售模式。

**二是积极参与各种直播、推介会等宣传活动**。新冠疫情期间,公司积极开展直播带货模式,并参加人民优选直播大赛,在2020年人民优选直播大赛上海(奉贤)赛区复赛中,公司的七日粥料、山珍礼赞干货礼盒获得平台入选资格。2020年,公司还参加了市农业农村委及区农业农村委举办的地产优质农产品推介会,将最新鲜、最优惠的农产品展示给广大市民。

**三是积极扩展受众群体的地域范围**。公司所经营的南北干货、炒货、海产品等均为不易腐烂的产品,因此没有运输时间和设备的特殊要求,从而公司依托农产品电商的优势实现全国范围内销售,并利用互联网进行公司产品的宣传和推广,取得了显著成效。

**四是线上线下联动**。公司在依托电商及物流将产品销到全国乃至国外的同时,还积极与大型国内外线下零售企业,如家乐福、沃尔玛、欧尚、世纪联华、卜蜂莲花、乐购、江苏时代、美廉美、物美、北京华联、京客隆、天客隆、法宝、华润万家、山姆士、人人乐、大润发、武汉中百、武汉武商等合作,并与线上天猫、京东、盒马鲜生等相互配合,实现了线上线下的联动和销售量的大幅增加。

公司各种产品及品牌(引自:http://www.saiwengfu.com/)

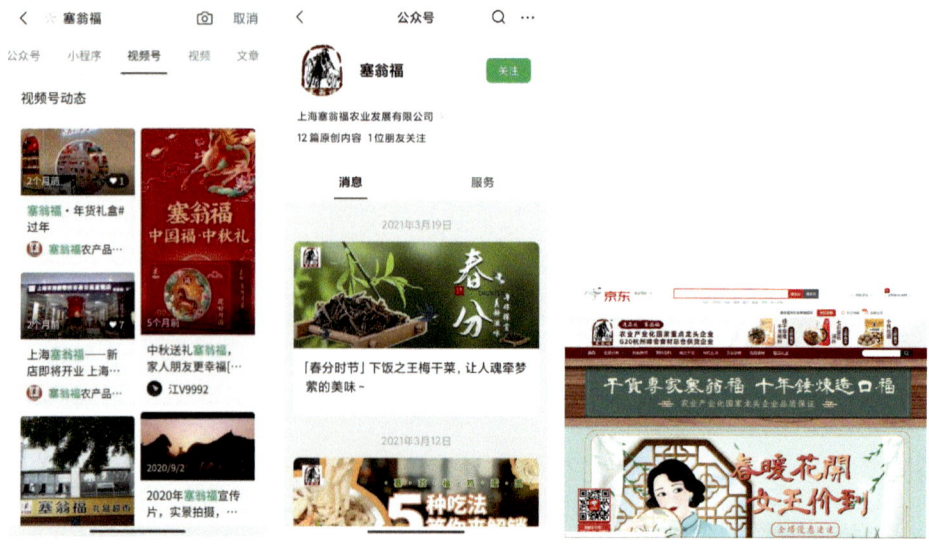

"塞翁福"的线上平台

## （三）存在问题

**一是基础农产品产业门槛低，同质化竞争严重**。由于公司经营的均为产地原材料采购加工而成，产业门槛低，造就了产品同质化严重的问题，严重影响了产品的品牌效果。

**二是非加工类产品市场竞争力不足**。由于干货、杂粮等非加工类产品有其自身特性，市场竞争力较弱，因此，公司还需要创新研发其他类农产品。

**三是电商发展未能充分发挥出自身特色**。大型电商企业的销售模式虽说具有一定的可借鉴性，但是对于农产品生产企业来说不可完全套用，仍需探索自身电商发展的特性。

## （四）未来展望

直播、新媒体、社群等新电商渠道的发展，给农业企业的不断发展带来了契机；农产品电商也是经济社会发展中的一个基础产业，服务好受众群体就是对社会最好的回报。因此，今后公司仍然要致力于各种电商渠道的开拓，以挖掘更多消费群体，并实现经济效益和社会效益的双丰收。

# 三十三、上海荷裕冷冻食品有限公司

## （一）基本概况

上海荷裕冷冻食品有限公司是由荷兰投资成立的国际化专业海产食品加工企业，坐落于上海奉贤现代农业园区，占地面积20亩，建立于2008年，在2011年3月完成厂房建设和工人培训后开始生产运作。公司专注于三文鱼综合利用的最大化，专业加工各类三文鱼整鱼，以及各修整等级的鱼柳、鱼段、刺身切片和广受大众欢迎的烟熏三文鱼与调味类三文鱼产品。公司引进欧洲先进的加工设备，采用欧洲经典的加工工艺，以生产安全、健康、美味的高品质海产食品作为企业发展的目标。

公司2021年销售冰鲜、冷冻三文鱼刺身、鱼柳等2 000吨。"荷裕"食品具有FSSC 22000、ASC、MSC及清真认证等国内外多项质量认证证书，并为国内知名餐饮企业及零售平台提供新鲜高品质的三文鱼系列产品。公司从世界各地采购最安全最新鲜的原料，并在生产过程中实施全方位的品质管理，以最大的努力向广大消费者提供最高品质的产品。公司注重加强安全生产，在2013年度被评选为"上海市平安单位"。

目前，公司既与线下各种酒店、餐饮、商超如香格里拉酒店集团、新锦江大酒店、金茂集团、假日酒店、萨莉亚、必胜客、大润发、永辉超市、苏宁易购、华润万家、世家联华等进行合作，又与线上各种平台如盒马鲜生、天猫、本来生活、京东、每日优鲜、我厨买菜等合作，秉承将健康、安全、高质量产品提供给消费者的服务宗旨，实现线上线下共同推广的新格局。公司始终把保护环境、保护员工的生命安全与健康放在首位，

"荷裕"食品网站及产品（http://www.hollywinseafood.com/）

在产品的研发、生产、销售和废弃物处置的各个环节中，重视健康、安全和环保等要求，推进企业可持续发展，努力成为具有社会责任感的企业。

"荷裕"食品合作伙伴（引自：http://test.hollywinseafood.com/partner/）

## （二）举措与成效

**一是多渠道发展电商**。为加强产品宣传，公司于 2008 年设立中英文官网，对国内、国际积极宣传"荷裕"产品；2016 年入驻大型传统零售电商企业如京东、苏宁易购等，开辟新的销售渠道；2017—2019 年入驻电商平台如盒马鲜生、每日优鲜、叮咚买菜、天猫、1688 等，公司积极发展电商销售的多种渠道。

"荷裕"食品线上销售平台

**二是深耕电商零售领域**。与传统的餐饮批发渠道不同，电商零售追求的是极致体验，线下体验线上消费是大势所趋。区别于传统零售渠道，电商零售需要推出更独特创新、性价比更高的产品，而且客人对产品的好坏也都会直观地反馈在平台上。因此，公司一直致力于并开展定制化、便捷化、差异化的服务。

**三是实行数字化管理，线上线下同发展。** 随着公司的逐步发展，电商投资也在逐年增加。公司专门设立电子商务部，有员工10人，分别主管采购、运营、技术、客服、设计等业务。为配合电商工作，公司建立了企业OA办公系统、ERP进销存管理系统、WMS物流管理系统、CRM客户关系管理系统等。公司每周对员工进行电商培训，以促进公司的电商发展，并促进原料采购、生产、研发、市场、人才的有机结合，推动产业线上线下共同发展。

### （三）存在问题

**一是电商人才缺失。** 公司地处上海市奉贤区，位置较偏僻，且电商氛围相对不够浓厚，很难引进并留住电商人才，因此公司组建专业电商团队的速度也较缓慢。

**二是运输成本过高。** 公司以生鲜食品为主，为了降低客诉率，选择顺丰快递，由于运输成本过高，从而导致生鲜电商利润降低。

### （四）未来展望

三文鱼产品属于农产品中的高价值产品，虽然起步晚、较分散，但随着互联网和物流业的快速发展，电商必将为其插上腾飞的翅膀。因此，公司将持续加大对电商版块的推广和布局，近期将着力于抖音电商、快手平台，并同时入驻小红书等种草平台，相信当行业领军品牌在消费者心目中逐步建立起来时，企业的规模和产品附加值将会快速提升，届时也必将形成百亿级的独角兽企业。

## 三十四、上海末农果蔬种植专业合作社

### （一）基本概况

上海末农果蔬种植专业合作社成立于2014年，坐落在上海市奉贤区金汇镇，主要经营草莓、玉米、西甜瓜、蔬菜、水稻等种植与销售，为了推陈出新，尝试种植一些新的果蔬品种，包括"末农玉菇""末农崩瓜""末农香瓜""鲜食玉米"等；为保证瓜的品质，种瓜的土地实行"轮

种"制，并全程施用有机肥。2015年合作社种植的红颜草莓在第十届中国草莓文化旅游节暨中国精品草莓擂台赛上获得金奖。2020年新冠疫情暴发，合作社开启全城快递配送业务，在保证草莓等水果口感的基础上，注重运输速度，以将新鲜无损伤的水果尽快呈给消费者。此外，合作社还承担了一定的社会责任，开启了校外职业体验模式。为了让即将毕业的中学生更好地融入社会，增强交往能力，培养吃苦耐劳精神，合作社与学校联合推出体验活动，取得了一定的社会效益。目前，合作社主营的草莓、玉瓜、西甜瓜等水果产品大部分通过电商的方式进行COC的销售，而蔬菜、大米仍以传统批发销售为主。

合作社与学校联合推出体验课（引自：奉贤区慧敏学校公众号）

## （二）举措与成效

**一是不断尝试各种电商模式**。2014年合作社成立之初，就开始尝试电商销售，曾入驻美团、糯米网、大众点评等团购平台，并通过这些平台发布采摘信息，尝试低价吸引、广告发布等推广方式，由于当时入驻的合作社不多，产生的效果甚微。合作社发展定位明确之后，开始有选择性地使用大众点评平台进行推广，不再做低价吸引的团购，并且随着订单的增长，尝试自行开发商城和入驻其他电商平台，最终经过尝试选择了"搭伙"平台，其作用主要用于订单的管理。此平台在新冠疫情初期发挥了很好的作用，市民通过扫二维码就能直接下单购买农产品，实现了"零接触"。

**二是通过电商提升产品知名度**。因为合作社的瓜果类农产品定位为放心、好吃、可持续种植模式，通过电商模式，能够与消费者进行更多的交流，将更多的优质产品呈现出来，同时也得到最真实有效的购买体验反馈，从而有效地提升了产品的知名度。

**三是积极尝试小众产品，衍生新产品。**合作社通过与平台、机构的合作，实现了流量共享，同时尝试了小众产品的销售，如无花果等。合作社通过与蚂蚁亲子、馋猫亲子、青耕鸟等机构合作，尝试拍摄短视频，吸引了客户采摘，并且通过这样的合作模式，筛选出真正喜欢无花果的用户，从而转化为自己的流量。

合作社线上平台

合作社小众产品无花果（引自：上海奉贤公众号）

## （三）存在问题

**一是合作的平台大都为私域流量，电商发展慢。**合作社的大部分合作平台为私域流量，客户维护成本低、效率高，收益稳定，但是发展慢。合作社曾尝试公域流量，但是需要投入更多的基建、设备，还需要配备专职的客服人员，同时还需要有一定的公关能力和较大的投入，对于合作社来说风险较高，并且缺乏足够的资金投入到公域流量的建设，因此应引导合作社之间抱团尝试公域流量。

**二是运输成本偏高。** 对于普通瓜果，快递费用、包装材料、包装人工、快递损耗等占了农产品价格的较大比例，这对于价值低、份量重的农产品销售是一个致命性负担。而且大部分快递人员对农产品难以做到轻拿轻放，因而损耗也较大。

## （四）未来展望

无论现在以抖音为代表的短视频平台、传统的电商平台、过去的菜市场、更久以前的赶集，农产品买卖的逻辑并没有变化。以前交通不发达，所以出现了赶集，城镇化建设有了菜市场，互联网的发展出现了网上购物，短视频的火爆也开始生成新的购物方式。这些变化都是随着社会发展，让人们方便地买到所需要的产品。而合作社作为农产品的提供方，今后需准确定位好目标消费者，以产品品质为前提，为消费者提供所需的产品，同时，应该保持敏锐的嗅觉，不断学习，快速适应社会的发展。

# 三十五、上海永胜瓜果专业合作社

## （一）基本概况

上海永胜瓜果专业合作社又名"草莓姑娘庄园"，成立于2006年，是一家集自产、自销和服务为一体的农业专业合作社，生产的草莓、玉米等农副产品获得市场的一致好评。合作社拥有基地面积13.33公顷，一般情况下全年销售额在400万～600万元，2021年销售额略有下降，约350万元，2022年初受极端寒潮天气影响，导致合作社2022年销售额进一步下滑。

草莓姑娘庄园

（引自：大众点评网）

草莓是青浦区的特色区域农产品，也是合作社的主要种植品种。合作社于2008年开始推广种植红颜草莓，每亩的经济收入已从2018年的1.5万元提升至2021年的3万元左右。在获得市场好评后，合作社于2010年和2012年先后注册了"草莓姑娘""草莓公主""草莓皇后""草莓宝宝""草莓仙子"等商标，尤其是"草莓姑娘"先后在2012年和2016年的上海市"评优、推优"活动中荣获金奖，另外还在2018年第16届中国临沂草莓大会、2019年第17届中国建德草莓大会、2020年第19届中国（句容）草莓文化旅游节上均获得金奖，而"白雪公主""雪里香"等其他品种也在上海市和全国的各项评比活动中荣获大奖。合作社也因此获评三星级农民专业合作社、上海农家乐示范户、青浦区巾帼现代农业科技示范基地、上海市蔬菜标准园、2017—2018年度青浦区文明单位、中国特色农庄等。

草莓姑娘庄园的环境

（引自：大众点评网）

草莓姑娘庄园种植的草莓

（引自：大众点评网）

## （二）举措与成效

合作社于 2007 年起开设了网站进行宣传，于 2015 年起开设了微信公众号，曾与 30 多家代理商合作进入社区宣传。目前，合作社采用抖音、微信视频号等多种自媒体宣传方式进行电商销售。由于青浦区草莓栽培面积达 533.33 公顷左右，且一直以'丰香'为当家品种，针对本地区草莓生产存在的问题，合作社卓有成效地开展以下几方面工作：

**一是整合自身资源，做好新品种繁育。** 前几年，在农产品品种更新慢、品牌意识不强、做精做强做优方面跟不上产业发展与市场需求的情况下，合作社积极转变发展方式，整合自身资源优势，集成相关种植技术，不断开展草莓新品种繁育，努力做好草莓品种的更新、更换和产品质量的提升工作，取得了一定的成效。

**二是严把产品质量关。** 食品安全一直以来都是合作社最为重视的工作，每年合作社都严格把控所有农产品的安全生产过程，从我做起，积极发展绿色有机产品生产，提高了产品质量。

**三是坚持为民服务的宗旨。** 自合作社成立以来，一直把为民服务视为合作社发展的根本。因此，近年来合作社在电商发展取得一定成效时，也积极引导当地农民拓展农产品电商销售渠道，切实带领和帮助农民增收致富。

**四是做好保优栽培技术的研究和咨询等服务工作**。目前，合作社种植的红颜草莓受到了广大农户和消费者的高度评价，而且市场需求量倍增，但部分农民的种植技术跟不上，致使新品种效益不突出，为此合作社为周边农民提供了保优栽培技术的推广示范和相关种植技术的培训、指导、咨询等一系列服务，受到了周边农户的欢迎。

（三）存在问题

目前，合作社电商销售面临的主要问题是推广面不够大、推广力度不够持久、知名度提升缓慢、销售量不平衡。目前，农产品的市场竞争已进入品牌竞争的时代，尤其是在电商领域，合作社要做大做强、提高市场竞争力，就必须要有自己的品牌。但近年来，随着微信公众号、视频号、抖音等自媒体的兴起，合作社在品牌的宣传、推介和知名度提升方面做得还远远不够，因此其在电商领域的发展还有很大的空间。

（四）未来展望

**一是健全现代化农业发展模式，加大宣传推广力度**。今后，合作社要进一步健全现代化农业发展模式，尤其是在销售领域，要紧跟时代发展步伐，结合旅游、观光、农家乐等延伸产业链，并加大宣传推广力度，大力拓展电商渠道。同时，要继续严把农产品质量关，以生态、绿色有机农场为基地，大力生产绿色有机农产品。

**二是结合政府平台，大力提升品牌知名度**。今后，合作社还要积极参与政府的相关评优评奖活动，以及入驻各区级和市级电商平台，在政府的助力和推动下，促进农产品品牌的宣传，从而大幅提升品牌知名度。

**三是挖掘农业文化新精华，助推发展新产业新业态**。合作社坚信发展农业不单单是种植农产品，同时还要通过学习专业知识和相关理论，挖掘农业更深层次的农耕文化精髓，并根据时代和市场需求不断创新与升华，将之带入新的领域，把农产品做成艺术品，在不断提升自我的同时，挖掘农业文化的新精华，助推发展新产业和新业态。此外，用敢闯敢试、敢为人先的拼劲，担负起合作社发展的责任和义务。

# 三十六、上海绿延有机农产品专业合作社

## （一）基本概况

上海绿延有机农产品专业合作社成立于 2010 年，主要从事草莓、玉米、小番茄等种植，以及提供相关种植技术服务。合作社占地面积 13.33 公顷，现有合作生产基地 3 个，库房与办公用房 1 000 平方米，并已达到区标准化基地和区星级合作社，注册商标为"点耕"。经过多年的探索与实践，合作社走出了一条以传统种植方式配合合作组织、种植基地、农户的持久良性发展道路。

绿延有机农产品宣传图
（引自：上海绿延有机农产品微信公众号）

在农产品生产管理中，合作社严格按标准化生产的要求，选用国内外名优蔬菜、水果新品种，大力发展科学种植技术，全面推行田间生产档案管理，做到有案必备，有据可查，确保了蔬菜水果的生产质量安全。合作社种植的草莓于 2013 年获得上海白鹤草莓节银奖；自 2015 年起连年获得全国草莓文化评比大赛金奖，成为"白鹤草莓"地理标志授权使用单位和采摘推荐点。同时，合作社的种植技术服务面向周边各农产品种植企业，并受到大家的一致好评。

## 第四章　上海新型农业经营主体典型案例

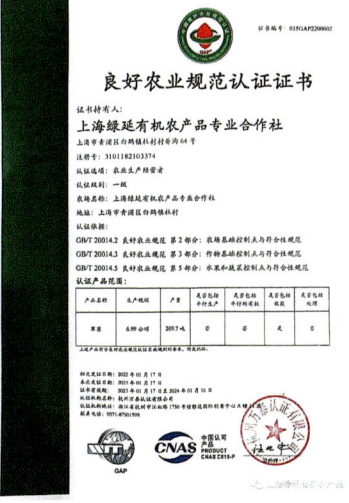

上海绿延有机农产品专业合作社证书

（图片来源：上海绿延有机农产品微信公众号）

绿延有机农产品获奖证书

（引自：上海绿延有机农产品微信公众号）

## （二）举措与成效

目前，合作社合作的电商平台有：微信小程序"绿延源味"、鱼米之乡、随心订等，通过电商平台进行农产品销售，其最大的优势是能够快速地与市场对接，满足消费者对特色农产品的需求。目前，合作社在各电商平台的销售量约占全年总销售量的10%～30%，销售额为50万～100万元。

"绿延"生产的有机草莓

（图片来源：上海绿延有机农产品微信公众号）

## （三）存在问题

**一是电商平台压价幅度太大，致使合作社利润较少。**目前，很多中小型合作社要进入电商领域就不得不与一些成熟的电商平台合作，而这些电商平台往往大幅压价，留给合作社的利润太少。

**二是缺乏专业的市场营销。**农产品电商推广看的是流量、点击率和转化率，因此专业的市场营销是农产品电商运营的关键。在淘宝、微信、抖音、小红书等多种新媒体百花齐放的大背景下，如果只用单一的电商推广方式，往往不会产生理想的效果，因此，要多途径进行电商推广，则投入的推广成本就会过高，进而导致合作社获得的利润与投入不成正比。

## （四）未来展望

草莓的种植和销售依然是合作社今后发展的重点，因此未来的重点工作主要有：

**一是加强品牌宣传。**目前，年轻群体逐渐成消费新引擎，"颜值即为正义"，因此合作社今后将加大草莓"颜值"管理，丰富草莓品种，并加大品牌宣传力度，以品牌效应抢占消费制高点。

**二是提高产品质量。**要重视农产品质量安全，提升线上消费体验，做好线上售后服务,使消费者"吃得放心,买得舒心"。

**三是做好发展规划和产业布局**。目前,三四线城市需求旺盛,应该是草莓消费的增量市场,合作社要提前做好相关的发展规划和产业布局,并重点处理好"最后一公里"问题。

**四是促进农旅融合发展**。基于"采摘""农业""旅游""种植"等搜索词的关联度较高,因此农旅融合发展是未来乡村产业发展的大势所趋,也是未来农业产业结构转型的方向。因此,合作要将农业种植、草莓采摘体验、农业旅游等结合起来,走出一条"甜蜜经济"的发展之路。

## 三十七、上海录海蔬菜专业合作社

### (一)基本概况

上海录海蔬菜专业合作社成立于2011年,隶属上海先语实业有限公司,是一家集蔬菜种植、加工和配送为一体的农民专业合作社,也是青浦区标准园示范基地。合作社于2013年通过了无公害产品认证,2019年通过了青浦区标准园考核和蔬菜米苋绿色产品认证。目前,合作社在重固镇

上海录海蔬菜专业合作社绿色食品认证证书和荣誉证书

(引自:上海录海蔬菜专业合作社)

徐姚村的基地面积为11.33公顷，蔬菜年产量达1 300吨，产品质量均达到国家食品安全标准；合作社的注册商标为"青录"，主要经营的品种有米苋、青菜、生菜、油麦菜等绿叶类蔬菜，全部由上海地区基地种植；而黄瓜、番茄、土豆、洋葱、生姜等根茎茄果类蔬菜主要通过与外省市（如浙江、山东、江苏等）基地合作种植。2021年与上海先语实业有限公司合作，全年蔬菜种植配送销售额达9 000万元。

## （二）举措与成效

**一是转变销售模式**。随着"互联网+"农销模式的出现，传统的地头交易或批发市场交易使合作社的收益稳中略降，制约了公司和合作社的发展。为了融入现代化发展浪潮，公司和合作社开始探索发展"互联网+"的农销模式，通过"线下+线上"相结合的经销方式，与盒马鲜生和美团买菜等建立了长期的合作关系，开始进入"订单农业"的发展阶段。经过一年多的努力，2021年公司的销售额达7 000万元，合作社的销售额达2 000万元。2022年，公司和合作社继续采取"合作社+基地"的生产模式，长期与"盒马鲜生""美团买菜""叮咚买菜""钱大妈""大润发"等大电商平台及超市合作，多方位带动周边合作社和农户，有序结合重固镇的地产农产品（包括徐姚绿色大米、春昌合作社优势蔬菜等多品种农产品），通过"订单农业"的形式逐步推广到盒马鲜生和美团买菜平台进行销售。同时，为多渠道推销青浦农产品，合作社正大力推进与超市合作，计划将合作社的销售额尽快提升至3 000万元以上。

**二是建立和实施质量安全管理制度**。目前，合作社实行"六统一"管理即统一品种、统一购药、统一标准、统一检测、统一标识、统一销售的产业化经营模式。统一品种即通过选用蔬菜优良品种，提高蔬菜抗病虫害能力；统一购药即在购买农药时，100%选择农业农村部门推荐目录范围内的农药，坚决不购买、不使用农业禁（限）药品，加大防虫网、粘虫板、频振式杀虫灯、性诱剂、园艺地布覆盖等绿色防控技术防治病虫草害；统一标准即实施田间生产档案管理，建立植保员签名制度，及时准确地做好信息记录工作，并定期组织培训，一方面提高工作人员的专业素质，另一方面提升蔬菜产品质量；统一检测即实施产品检测制度，做到产品检测合格后采收及加工，确保不检测不上市、不合格不上市；统一标识即执行质量可追溯制度，确保产品质量全程可追溯，并有章可依、有据可查，责任可追究；统一销售即通过"线下＋线上"相结合的销售方式，解决农产品的难卖问题。

上海录海蔬菜专业合作社净菜加工和农残检验

（引自：上海录海蔬菜专业合作社）

**三是完善基础设施建设。**为进一步提升蔬菜品质，2021年合作社投资新建了70余座大棚，合计约3.8公顷，新建3座10.67公顷的"8430"连栋温室大棚，合计约6 600余平方米。此外，修缮道路和明沟等500多米，增设1座60平方米的冷库设施，投入约260余万元，通过配套上述基础设施，为合作社进一步提升蔬菜生产水平奠定了重要基础。

（三）存在问题

目前，合作社存在的最大问题就是缺少农业生产所需的仓库、场地等辅助设施用地，以及农产品加工所需的非建设性用地。遇到产品促销活动时，合作社由于储存场地有限，无法储存满足促销的农产品量，从而只能当天采购运输当天销售和配送，这样就造成了物流成本及人工费用的增加，有时还会因为没有足够的货物配送，导致缺货情况的发生，从而不得不面临电商罚款及订单流失。

### (四) 未来展望

未来，合作社在重固镇新丰村44.67公顷设施菜田建设项目建设完成后，计划种植绿叶类蔬菜22.13公顷、茄果类蔬菜3.33公顷，经营模式采取自主经营；19.2公顷的8米大棚全部种植绿叶类蔬菜，采用"合作社+种植户"的经营模式。另外，合作社将通过基地内标准化连栋棚的建设，大力推广机械化种植生产，土地翻耕由原来的小型拖拉机改为深翻型机械进行、人工育苗改为集约化穴盘育苗、人工铺膜改为覆膜机覆膜、人工撒播改为播种机点播、人工移栽改为机械化移栽，并根据蔬菜品种选取合适的采收机进行采收工作，在整个生产过程中全面推广机械化操作，减少劳动力投入成本。通过上述一系列措施，预计合作社全年蔬菜上市量达5 000吨，同时可吸纳当地100余名农民参与合作社的种植管理，农户年收入由原来的8万~10万元提升至12万~15万元。此外，合作社计划通过集成技术、集约项目、集中力量，推动发展方式转变和经营方式创新，逐步实现规模化种植、标准化生产、商品化处理、品牌化销售和产业化经营，不断提高蔬菜质量安全水平，不断增强产业发展竞争力，使合作社供应链组织能力发展到一个崭新的阶段。

## 三十八、上海绿椰农业种植专业合作社

### (一) 基本概况

上海绿椰农业种植专业合作社成立于2011年4月，是一家以绿叶菜种植、包装、销售为主的合作社。合作社围绕"新农民、新业态、新模式"的理念，以"农业增效、农民增收、调整蔬菜品种结构、促进产业升级"为目标，先后创建了市级蔬菜标准园、市级农业标准化基地等。目前，合作社已初步形成集研发种植、技术推广、农业科普教育、农社对接、农商对接、农校对接、农企对接为一体的"产学研产"农业产业化经营模式。

## 第四章 上海新型农业经营主体典型案例

上海绿椰农业种植专业合作社宣传栏
(引自:"绿色青浦"微信公众号)

上海绿椰农业种植专业合作社鱼菜共生示范基地
(引自:"绿色青浦"微信公众号)

近年来,上海绿椰农业种植专业合作社先后荣获"国家农民专业合作社示范社""市级示范合作社""市级标准化基地""市级扶残涉农经济组织""专业型益农信息服务社""市级蔬菜机械示范社""双学双比示范基地""青浦区蔬菜技术科技示范户""青浦区学生社会实践基地""青浦区科普教育基地""上海市农民田间学校""青浦区巾帼现代农业科技示范基地"等荣誉称号,并通过了市农业农村委不定期开展的各项检测(如测土配方检测、产地环境检测等）。另外，合作社的芦潼基地于 2013 年被评为区级蔬菜标准园；星浜基地于 2017 年被评为市级蔬菜标准园，2018 年被评为上海科技兴农项目创新基地。2019 年申请获得了青浦区专家名师工作室，同年创建了上海市绿叶菜产业体系鱼菜共生示范基地。2021 年创建成为国家农民专业合作社示范社，同年获评上海市优秀蔬菜生产基地。

石头上种菜　　　　　　　　　　大桶里养鱼

（引自："绿色青浦"微信公众号）

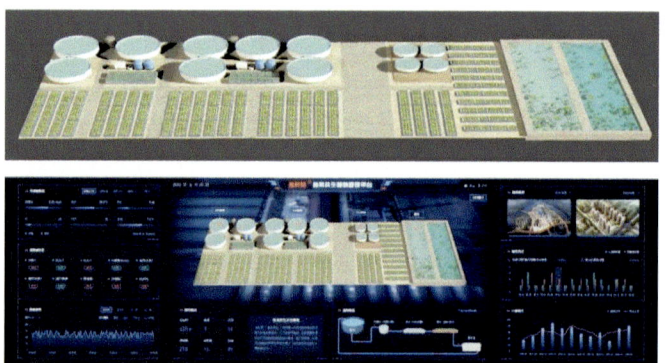

"鱼菜共生"智能监管系统

（引自："青浦三农"微信公众号）

为解决合作社及周边农户蔬菜销售难问题，合作社积极与电商平台对接，走净菜销售路线，取得了良好的发展成果，2020 年实现营业收入 3 654 万元。同时，合作社积极发挥带动作用，解决了周边 133.33 公顷农田生产的农产品的销售难题，解决周边农村 87 名困难残疾人的就业问题，为周边农民提供就业岗位 130 个以上。

2018年，绿椰合作社为拓展销售渠道，与盒马鲜生合作，主要销售的产品有青菜、鸡毛菜等，当年电商销售额达到130万元。2020年，绿椰合作社与叮咚买菜达成合作协议，进一步拓展了电商销售品种，增加了练塘茭白、练塘莲藕、本地黄瓜、芥蓝、菜心、鱼菜共生西洋菜等多个品种。截至2021年底，合作社通过电商渠道的销售额达到2 000万元。

绿椰自产农产品

（引自：上海绿椰农业种植专业合作社微店）

## （二）举措与成效

**一是完善基础设施。**为更好地与电商平台进行合作，合作社完善了一系列基础设施建设。例如，针对电商平台对于农产品包装、冷藏、运输等整个冷链系统的要求，合作社建设了400立方米的恒温包装车间、700立方米的冷藏库，购买了3辆冷藏运输车，建成了完整的农产品冷链系统，同时还购买了真空包装机、自动定长包装机等包装设备，提升了农产品标品的包装质量。

**二是提升产品质量。**合作社通过加强绿色生产技术推广，完善农产品绿色生产设施设备等措施，提升了农产品质量，保障了农产品生产安全。

**三是引进优质品种。**合作社通过与上海市农业科学院、青浦区蔬菜推广站等单位达成产学研合作协议，引进了优质蔬菜品种，提升了蔬菜种植技术，提高了农产品质量，为合作社拓展电商市场奠定了坚实基础。

**四是加强品牌建设。**2019年，合作社针对不同产品，相继注册了"绿椰菜婆婆""驻心田""予你香""驻心甜"等品牌商标，同时加强对青浦区地理标志产品"练塘茭白"等本地特色品牌农产品推广，并在强化合作社产品品牌的同时，促进了与电商平台的合作。

## （三）存在问题

**一是难以掌握农产品定价主动权**。由于电商平台占有销售渠道和客源的主动权，同时想进入电商平台的农业经营主体众多，因此在与电商平台的合作中，有利地位始终在电商平台一边，尤其是农产品定价权。在现有的电商平台合作中，实行的是一周一定价，但是在实际操作中，有时一周内的农产品价格变动较大，当价格上升时，电商平台往往拒绝生产单位的供货价上涨要求；当价格下降时，电商平台就会强势要求生产单位降低供货价，而合作社为了能保持与电商平台继续合作，往往只能听从平台摆布，从而降低了自身的经济效益。

**二是基础设施需要进一步完善**。随着与电商平台合作的进一步加强，合作社的产品销量也会逐步增加，从而在基础设施尤其是冷链系统方面的需求也会进一步扩大，而相关设备的建设用地成了目前面临的主要问题，而合作社难以获得相关的建设用地，从而也造成部分订单难以完成。

**三是特色产品缺乏，常规产品因竞争激烈而利润较低**。目前，合作社主要种植的产品仍是本地常见的上海青、菜心等常规品种，特色高品质的蔬菜品种和种植量均较少，需要进一步拓展特色高品质蔬菜的品种数量与种植面积。

## （四）未来展望

**一是进一步拓展与电商平台的合作**。在今后的电商合作中，要积极探索，少走弯路，并加强电商销售管理和操作人员的业务培训，进一步拓展与电商平台的合作。

**二是提高种植技术水平**。要加强对蔬菜生产中用药用肥的管理，提高种植技术水平，特别是提高绿色生产的技术水平，严格按"绿色生产操作规程"组织生产，提高农产品品质，进而提升农产品的附加值。

**三是提高市场竞争力**。积极引进高品质、有特色的果蔬品种，做到

"人无我有、人有我精",突出产品的多样性,提高市场竞争力。

**四是拓宽电商销售渠道**。进一步拓宽电商销售渠道,在保持现有电商合作平台的基础上,加大与其他电商平台、其他线上销售渠道(如直播带货等)的合作,建立合作社自有的线上销售队伍,为合作社的农产品电商销售助力,力争通过电商渠道,使合作社产品销量逐年增加。

**五是加强品牌推广**。通过平面、电视、网络等多种渠道,加强合作社农产品品牌的宣传和推广,让更多人了解合作社和合作社的优质农产品。

# 第五章　上海电商企业典型案例

## 一、鱼米之乡——公益服务，助推上海地产农产品展销

### （一）平台概况

以"来鱼米之乡，品上海味道"为显著标志的"鱼米之乡"是一个集产销服务、成果展示、宣传推广、品质监测、数据监测、在线服务等多种功能于一体的线上展销公益服务电商平台。该平台由上海市农业农村委员会主管，上海农业展览馆负责具体实施，上海紫竹实业有限公司和浙江安厨大数据技术有限公司负责平台建设运营和维护管理。

平台致力于上海本地农产品的展示、销售和推广服务，大力促进了上海市一二三产业融合，解决了地产农产品"难买"和"难卖"问题，走出了一条促进地产农产品销售的新路。2019年"鱼米之乡"APP上线运营，仅是一个购买地方特产的手机商城；2020年末推出"鱼米之乡"公众号，主要宣传农产品线上、线下展销活动；2021年10月15日"鱼米之乡"农产品公共服务平台正式上线，实现了平台升级，开设了多种板块，增加了各种电商服务，吸纳了更多的经营主体参与。与其他现有大型电商平台不同的是，"鱼米之乡"平台汇聚了上海优质初级农产品、加工农产品、非遗民俗产品、民宿文旅产品等，旨在大力宣传和推广上海地产特色优质农产品。通过平台的挖掘、整合、推介，展示上海市各涉农区的特色农产品和农业文旅产品，重点服务上海本地农产品企业，做大做强地产农产品品牌，通过公益性服务助推上海乡村振兴。

截至2021年底，"鱼米之乡"与浦东新区、闵行区、嘉定区、宝山区、奉贤区、松江区、金山区、青浦区、崇明区的农业主体合作，并携手上海农科院、上海农场、上实集团等单位，共同汇聚了1 000余种产品上线，包括优质初级农产品、农产品加工品、非遗民俗产品、民宿文旅产品

等，销售总额达到 724 万元，用户超过 1 万人。

（二）发展模式与特色

平台由上海市农业农村委指导，上海农业展览馆具体实施，主体框架为"9+3+1"，包括上海 9 个涉农区馆，上海市农业科学院、光明集团、上实集团 3 家市级单位馆，1 个委托代销馆。平台采用"B2B+B2C+线下体验"的营销模式，B2B 主要服务农产品供应商和采购商的线上对接，B2C 是面向全国的消费者直接在线上采购农产品。此外，"鱼米之乡"还定期举办各种线下展销活动供消费者体验。"鱼米之乡"的特色主要体现在以下四个方面：

**一是"手把手"培训。**"鱼米之乡"电商平台从筹建以来，已有 388 家农产品卖家响应加入，经第一轮挑选与第 1 期培训，150 家符合条件且经营主体具备一定电商营销经验的商家获批上线，其中上海本地 149 家。此外，平台计划安排其余 200 多家小微企业进行第 2 期电商培训，"手把手"教授如何组建线上营销团队和客服团队，让缺乏电商经验的农业经营主体尽快上线。

**二是个性化服务。**"鱼米之乡"是政府的电商平台，对缺乏电商营销经验的中小企业，平台给予其引导、策划、广告图文制作等免费服务，使农产品经营主体基本实现零成本产品宣传和展示，并有机会做大自己的农产品品牌。

**三是多样化展销。**"鱼米之乡"通过 9 个区级馆，3 个单位馆，1 个代销馆的全覆盖展示，力求逐步把上海各涉农区的优质地产农产品、特色文化产品、精品乡村旅游产品全部吸纳、整合，使消费者可以快速、全面、方便地找到自己想要的特色农产品和旅游产品。在平台首页，设立了排行榜专区、金奖大米专区、新品尝鲜专区、地理标志专区，分门别类地引导消费者快速浏览，并锁定目标农产品。

**四是大数据运用。**建立"鱼米之乡"农产品交易数据库，通过交易大屏和交易数据看板实时展现平台日常交易情况。此外，平台还利用"鱼米之乡"后台大数据，精准匹配供应商信息与消费者采购商数据，促成供求双方合作，在实现农业项目成交、线下采购合约签订、后续客户沟通与连接等方面实现了新的突破。

## （三）主要做法与成效

**一是评奖评优推金品**。平台通过结合评奖评优机制开设优质金奖农产品专区，并组织开展促销活动。2021年9月24日，在上海市农业农村委的指导下，"鱼米之乡"在上海西郊国际农产品展销中心举办了"2021上海地产优质新大米品鉴评优活动"，30位市民通过"鱼米之乡"公众号报名成为市民评委，参与来自33个合作社4个品种的上海新大米品鉴评优。最终，主栽"秋优金丰""松早香1013""松香粳1018"的上海谷杰粮食专业合作社脱颖而出，获得金奖，成为最受市民欢迎的上海早熟新大米种植合作社。9月25日起，"鱼米之乡"在线上、线下同时助推优质地产新大米，主要是在"鱼米之乡"公众号的推文和电商平台首页上发布金奖大米的购买链接，方便市民直接选购；联合盒马鲜生、城市超市、本来生活网、建设银行悦生活等传统和新兴零售平台渠道进行销售。2021年10月28日，上海市农业农村委主办的"2021年上海地产优质猪肉品鉴评优活动"在西郊国际农产品展示直销中心举行，专家评委和市民评委通过猪肉"观"和"品"来打分，并在现场设置产品宣传推介和产销对接签约仪式，促进本市地产猪肉的产销联动。"鱼米之乡"公众号和APP同步推出获奖猪肉产品的购买渠道和产品链接，有效促进地产优质猪肉线上交易，让消费者能真正买到安全、放心、味美的好猪肉。

通过评奖评优活动的开展，不仅打响了全市合作社和地产农产品品牌的知名度，打通了优质农产品的销售网络，也更好地满足了市民对特色优质地产农产品的需求。

2021上海地产优质新大米品鉴评优推介活动现场

为 2021 上海地产优质早熟（国庆）大米金奖获得者颁奖

2021 上海地产早熟新大米上市发布会（盒马鲜生大宁店）

上海市农业农村委产业发展处处长石达祺致辞（2021 盒马新大米发布会）

为 2021 上海地产优质猪肉金奖获得者颁奖

2021 上海地产优质猪肉获奖情况

第五章　上海电商企业典型案例

2021获奖猪肉产销对接签约仪式

鱼米之乡公众号展示优质地产猪肉购买渠道

**二是农事节庆办展销**。平台结合各区农产品品牌创建和各类农事节庆活动开展线上展示展销活动，统一组织并发动相关主体开展直播、秒杀、折扣满减等活动。2021年11月在线上首次举办了"2021上海金秋农产品线上展销会"，来自上海市及对口协作地区的83家农业主体携450多种产品参展。在直播活动中，来自上海16家优质企业将地产优质稻米、蔬菜、畜禽产品、非遗美食和手工制品等进行展销。"金秋线上展"重点推出"四朵云"，即云展销、云游村、云推介和云订货。其中，云展销集中展示特色乡村产品，云游村则展示乡村文化、农家乐、民宿等农业旅游项目，云推介主推区域特色品牌和企业知名品牌的当季产品，云订货则把展示、

161

洽谈、签约搬到线上，实现便捷快速的供采对接，提升洽谈效率。2022年1月，在之前线下举办十八届大联展的基础上，首次在线上成功举办了"第十九届上海新春农产品大联展"，为市民提供了一个足不出户就能尽情采购年货的大集市。在展销活动期间，推出"沪有七好"即"沪有好味道""沪有好风光""沪有好草莓""沪有好花卉""沪有好浙里""沪有好粤礼""沪有好协作"七大板块来进行产品推介，产品范围包括地产农产品、花卉、乡村旅游等。

2021 金秋展非遗直播专场　　　2021 金秋展舌尖超市直播专场

2022"鱼米之乡"新春农产品线上大联展

2022"鱼米之乡"新春农产品线上大联展"沪有七好"购物板块

**三是组织单位搞团购**。平台优选农产品以 B2B 销售模式组织企事业单位开展团购活动,所有团购产品均为礼盒包装,品类包括:猕猴桃、核桃油、土鸡蛋、什锦蔬菜、柑橘、鲜猪肉、水果番茄、非遗糕点、蜂蜜、铁皮石斛、破壁灵芝孢子粉、灵芝孢子油胶囊、银杏护肤品、活体菌菇等。企事业单位在线下单订购,各产品经营商接单后直接送货上门,以满足其消费需求。

"鱼米之乡"APP 团购页面　　"鱼米之乡"APP 首页

**四是线下体验促销售。** 农展馆设置线下体验店，组织各类社群来店和走进乡村等开展各类体验活动。"鱼米之乡"线下体验店设在上海农业展览馆内，馆内销售的农产品品类和价格与线上基本保持一致。因此，市民不仅可以在线上下单，也可去线下门店进行实物采购，以满足不同需求，享受不同购物乐趣。除了采购农产品，"鱼米之乡"平台还根据上海市郊一年四季的农业文化特色，引导组织走进乡村的体验活动，并推送本市乡村旅游攻略，以都市农业文化和特色农产品为主线串联各个农业旅游景点，市民可根据活动报名方式自愿参加。

上海市农业农村委党组书记、主任张国坤同志调研"鱼米之乡"线下体验店

2022年"鱼米之乡"组织草莓采摘亲子活动宣传截图

**五是消费评级增销量**。平台抓住春节等中国传统节日的有利时机,组织开展消费评级和各种优惠活动,根据消费者在活动期间的消费金额给予不同程度的农产品礼包奖励或优惠券,以及不同等级的会员特权等,吸引消费者集中购买自己心仪的农产品。2022年1月18日至25日,平台组织开展"2022上海新春农产品线上大联展消费之星"的评选活动,对消费金额从高到低前200名的消费者给予价值499元、399元、259元、199元、159元和99元不等的特色农产品礼包以及黑钻、金钻、银钻会员特权。该活动有效地促进了线上农产品消费,排名第一的消费者消费金额高达42 000元。

2022上海新春大联展奖品

2022上海新春大联展消费之星

### (四)平台的未来发展

**一是加大宣传力度**。"鱼米之乡"是新成立的公益性的政府电商平台。平台成立不久,知名度不高,需要加大对平台的宣传力度。把平台做强做大,能够更好地引导和扶持中小农业生产主体发展农业生产,培育地产农产品品牌,提升农产品的市场影响力,并为农业经营主体持续提供更专业的服务。

**二是强化系统联动**。第一,服务升级。引入农产品电商专业服务商,为本地农业主体提供品牌策划、产品打造、质量检测、包装物流、网页设计、售后服务、品牌推广、活动策划等服务,提升农业经营主体的运营能力。第二，引导有规模、有经验、有品牌的主体上线。加快组织名特优农产品、农家特色小吃等生产经营主体，以及农家乐、民宿、农村传统文化产业等经营主体入驻平台，争取市级以上农业产业化龙头企业全覆盖。第三，广泛开展营销促销活动。组织各涉农区、相关单位在"鱼米之乡"平台开展多种形式的展示展销活动。

**三是加强数据运用**。加快大数据平台规范化建设，有利于对地产农产品经营开展分析研究工作。政府部门通过平台的交易数据，能清晰掌握地产农产品的生产、流通、销售和品牌建设情况。

**四是健全物流体系**。与京东物流、顺丰快递等企业合作，组建物流服务团队，协调包装供应商、快递服务商，统一包装和快递收费标准，为农业主体提供物流配送等专项服务，以降低物流成本和减少农产品损耗。此外，应建设集服务中心、检测中心及农产品分拣、加工、仓储、冷链、物流于一体的农产品集配中心，完善农产品出村进城的供应链体系。

## 二、盒马鲜生——用科技和人情味打造"鲜美生活"

### （一）平台概况

盒马鲜生创立于2015年，是阿里巴巴集团旗下的一家新零售电商平台，也是国内第一家推出新零售概念的商超，经营业态集超市、菜场、餐饮店、鲜花店于一体，消费者既可以在线下实体店购物，也可以在线上通过盒马APP下单购物，线上线下业务高度融合、优势互补，给用户完美地呈现出一种全新的生鲜体验。盒马鲜生基于阿里巴巴集团在大数据方面的优势，通过运用大数据、移动互联网、智能物联网、自动化等先进技术和设备，实现了基地、门店、货物、消费四者之间的最优配置。

盒马鲜生与传统超市在模式和体系上具有明显的差异，其以"实体体验店＋购物APP"的模式将全球生鲜汇聚一堂，以实现一站式购齐，并且线上线下商品同一品质、同一价格，既增强了用户的场景体验感，也吸引了不想出门的潜在用户，从而提升了门店的运营效率。

2018年6月，盒马鲜生入选"2018福布斯中国最具创新力企业榜"；

同年12月，在"2018中国年度新锐榜"中获"年度品牌"荣誉。2019年6月，盒马鲜生获"2019福布斯中国最具创新力企业榜"第一；在智慧零售潜力TOP100排行榜中获列第九；在"互联网+社区服务"提供商TOP50排名中获列第四。2020年6月，入选"2020福布斯中国最具创新力企业榜"；同年7月，入选在线新经济（上海）50强榜单。2021年12月，荣获"2021年度北京十大商业品牌模式创新奖"，并获得第十四届"21世纪卓越商业模式公司"称号。

## （二）发展模式与特色

2016年1月，盒马鲜生第一家门店在上海浦东金桥落户，当年门店线上订单达4 000单，客单价平均70元，线上销售占比50%左右。截至2018年7月，盒马在全国14个城市拥有门店64家，用户超过1 000万，门店日均销售额超过80万元，线上销售占比大于60%。2020年10月，首家盒马X会员店在上海浦东森兰商都B1层正式开业。

自2016年盒马鲜生诞生以来，平台不断扩充供应链，增加门店数量，扩大经营网络，从上海、北京稳步出发，加速在全国各个城市精心布局。截至2022年1月底，盒马与全国600多家农产品基地合作成立"盒马村"，在全国建有5个供应链集采仓，在全国27个城市共开设345家门店。其中，上海74家、北京42家、深圳25家、广州38家、佛山2家、杭州20家、宁波5家、武汉26家、西安17家、南京25家、苏州7家、昆山2家、南通3家、无锡2家、重庆12家、贵阳6家、长沙9家、昆明7家、海口2家、三亚1家、青岛8家、大连4家、沈阳2家、郑州2家、合肥1家、南昌1家、济南2家；在全国布局盒马X会员店7家，其中上海4家、北京1家、苏州1家、南京1家。目前，上海门店形式多样，除了大型鲜生门店和X会员店，还有盒马邻里、盒马mini、盒小马、盒马云超、盒马鲜火锅等。

盒马鲜生主打生鲜品类，在4 000～10 000平方米不等的门店中，生鲜面积占比在30%左右，且产品以高档海鲜、中高端小包装、净菜居多，主要面向年轻的消费群体，盈利模式则是靠高性价比的生鲜产品来吸引消费者，靠其他品类溢价来获利。2018年，盒马推出付费会员体系，在每周

1天的会员日，X会员可以享受购物88折扣，通过会员制来增加用户的黏性。同时，盒马依靠完善的物流体系和精准的营销策略，在供应链的各个环节降低成本，不向供应商收取任何进场费、促销费、新品费等传统零售渠道费用。用户每日在盒马APP的第一单购物满49元免6元配送费。盒马的门店既是卖场也是仓库，仓库占据门店总面积的一半以上，"店仓一体"的模式不仅降低了城市仓储的成本，也能保证了配送时效，是新零售业态的一大创新。

盒马鲜生的特色主要体现在以下四个方面：

**一是自建完整的物流体系，以实现快速配送**。对比传统零售商，盒马最大的区别是从产地、供应链、仓储到配送，拥有自己完整、成熟的物流体系，部分来自全国盒马村的农产品运输则需要与第三方物流合作。自建物流体系可以大大降低产品的物流损耗和运输成本，提高物流的时效性和可靠性。对于线上订单，盒马目前可以实现全温层配送，并承诺消费者在门店3千米可配送范围内30分钟配送到家。盒马有一套全链路数字化的核心算法，从商品到店、上架、拣货、打包到配送，员工都是通过智能设备来识别和作业的。这个系统简易、高效、出错率低，消费者下单10分钟内即可完成分拣打包，20分钟内实现3千米以内的点对点配送。

**二是运用大数据精准掌握消费者购买习惯，数字化打通产、供、销环节**。2018年，盒马正式向农产品生产端深耕，在全国各地建立"盒马村"，与供应链上游生产者分享先进的种植理念，从种植、采摘、包装等环节来统一上游生产者的生产行为，实现农产品标准化生产。"盒马村"生产的品种、采收时间、采收数量等，都会根据后台对市场供需情况的大数据计算结果来智能处理。盒马鲜生门店和盒马APP引导用户通过支付宝来支付，而线下门店没有人工结账的窗口，全部采用移动终端收费。依托这种非现金支付方式来建立完善的用户体系，便于搜集大数据信息，了解区域用户群体的特征与偏好，通过分析消费数据来调整业务和品类，同时根据消费的历史记录及时推送产品链接，从而激发用户的再次消费。盒马鲜生门店每日各种农产品的供货量也会基于区域用户的历史消费数据进行智能预测，做到门店生鲜品类的自动订货，该系统精准度达到95%以上，完美打通了产、供、销环节，实现了各个门店个性化的商品配备和精准营销。

**三是农产品基地直采直供，严格品控，使产品质量有保障。** 目前，与盒马签订战略合作协议，直采直供的上游农产品基地在全国超过 500 家，商品覆盖果蔬、肉禽蛋、海鲜水产等几大品类。其中，上海的蔬菜合作基地就有 190 家，本地农产品年销售额在 4 亿元左右，占全国蔬菜销售额的 30% 以上。在蔬菜基地的选择方面，为了保证新鲜度，盒马在门店 50～70 千米范围内锁定位置，蔬菜从田头开始就按净菜标准小包装处理，然后进入流通环节和零售环节，这样相比散装运输可以降低 25% 的损耗，盒马能将蔬菜的折损率控制在 10% 左右。另外，盒马严格做好农产品的质量安全品控，采用 SGS 第三方飞行检查，同时也有自己的检验检疫部门在农产品发货前、运输途中、进仓前都要进行检测，保证让消费者吃得安心、放心、开心。

**四是一个供应链，多种经营模式。** 上海盒马 X 会员店，占地面积 2 万平方米左右，采用仓储式货架，产品以大包装销售为主，满足一个家庭一周的消费需求。X 会员店线上线下一体化运营，覆盖门店周边 5 千米配送范围，提供"半日达"服务。盒马 X 会员店的会员年费为 258 元。作为会员制超市的一大特色，盒马 X 会员店也大量增加了自有品牌和定制化产品，SKU 在 3 000～4 000 种，其中自有商品占比超过 40%，自有品牌"盒马 MAX"占比在 20%～30%，有近 10% 的商品是盒马海外直采，也有地产优质特色农产品如崇明大米、崇明老鸭等。"盒马邻里"是盒马布局的社区电商业态，是建在居民社区提供自提服务的小站。在上海，"盒马邻里"布局在中环、外环等非市中心盒马鲜生配送覆盖不到的地方，采用自营自提的方式，提供 2 万多种商品，用户可提前一天在盒马鲜生 APP 下单，并选择最近的"盒马邻里"自提点，后台集中采购后于第二天早上 8 点送货至门店，由用户自提。"盒马 mini"是盒马走入郊区市场的小型业态，单店面积在 300～500 平方米，也是店仓一体模式，相对于大店来说，"盒马 mini"成本低、灵活性强，每个店售卖的商品品类会根据周边用户的特征来调整，如社区买菜和办公餐饮这两种业态差异性就很大，配送覆盖周边 1.5 千米。"盒小马"是盒马鲜生开在地铁站、核心写字楼、市中心商圈等人流密集处，主要面向白领一日三餐的小店。消费群体为年轻人,且基本以盒马老用户为主。店铺面积30平方米左右,SKU近40种,餐品有手抓饼、葱油拌面、盖浇饭、豆浆、油条、咖啡、三明治等,中西合璧,客单价在25元左右。用户可以在门店直接点单,现做现吃,也可以提前在盒马鲜生APP"盒小马"板块下单,到店后在智能保温柜中扫码取餐。"盒小马"推出的产品90%与盒马鲜生共享,另外10%为独立研发。因此很多餐品可以在盒马中央厨房预先制作,门店只需简单加工。

### (三)主要做法与成效

**一是打造盒马自有品牌**。上海自有品牌协会主任王建军说:"自有品牌是工具,进可以攻,退可以做盾牌。"自有品牌有自己的生命力,给大型电商带来的差异化竞争优势显而易见。盒马通过多年的摸索,在品牌定位、商品分类、消费群体、价格定位等方面进行了深入研究,立足"鲜"和"质",在选品、加工、包装、配送等各个方面高标准要求,逐步推出了具有商品竞争力的自有品牌。目前,盒马形成了较为成熟的自有品牌商品体系,自有品牌商品占比约为20%,具体有盒马工坊、盒马MAX、盒马蓝标、盒马日日鲜、盒马有机鲜、盒马本地鲜、帝皇鲜等品牌。

**二是以鲜引领细分品类**。盒马鲜生主打生鲜产品,门店的商品中,有1/3是生鲜品类,具体包括高档水产、新鲜蔬菜、肉禽、奶蛋、水果等。另外,为了提升盒马生鲜产品的品控优势,实现优质优价,特推出"日日鲜""有机鲜""本地鲜"等三鲜招牌,围绕"鲜"字做文章,从不同的维度来分类。"日日鲜"是盒马的自有品牌,截至2020年底,"日日鲜"覆盖蔬菜、乳制品、水果、肉禽蛋、海鲜、熟食、烘焙等全品类,商品数量达到400余种。"日日鲜"系列产品只售卖一日,每天晚上门店会有打折促销,卖不完的统一下架处理。"有机鲜"是盒马推出的平价有机蔬菜品牌,该品牌蔬菜主打有机生活、健康饮食,可以将有机青菜做到3~4元/包的超低价。"有机鲜"蔬菜占比从2018年的8%提升到现在的20%,蔬菜均来自合作的有机农场(如上海崇明万禾有机农场等),每个合作农场只按订单生产4~6种蔬菜,盒马包收,大大降低了有机农场的种植和管理成本,从而也降低了有机蔬菜的售价。"本地鲜"是盒马近期推出的主打地产特色优质农产品的新自有品牌,目前上海盒马上线"本地鲜"的产品只有 2 个，分别是崇明老麻鸭和崇明草鸡。

**三是特殊时期保供稳价。** 在正常情况下，盒马生鲜货源主要为订单式，优先考虑"盒马村"和当地生产基地，同时保留批发市场的渠道。在特殊时期，盒马承担着城市生鲜保供稳价的作用，通过各地"盒马村"调运生鲜产品，在遇到农产品滞销的时候，协助农产品滞销村销售农产品。2020 年新冠疫情期间，上海市场生鲜农产品货源紧缺，在上海市商委补贴的基础上，盒马鲜生确保货源供应，稳定了门店农产品的价格。

## 三、叮咚买菜——美好食材普惠万众

### （一）总体概况

叮咚买菜创立于 2017 年 5 月，注册地在上海市浦东新区，其为用户提供生鲜产品在线选购和配送到家的极致购物体验，服务范围覆盖上海、深圳、杭州、苏州等长三角及珠三角城市。通过 550 家前置仓，服务了 500 多万家庭，日订单量超过 50 万，次月复购率超过 60%。

叮咚买菜旨在解决生鲜产品物流难、品控难、损耗高、复制扩张难等诸多问题，使平台"离用户更近、配送更快、品质更好"，希望美好的食材能像自来水一样触手可及，普惠万众。

### （二）发展模式与特色

**叮咚买菜的采购模式主要为"原产地直采 + 成批采购——品牌供应商直供"。** 目前原产地直采产品占了叮咚买菜平台所售商品的 70% 以上，原产地直采已成为叮咚买菜从源头保证产品质量、建立食品追溯系统的重要手段和方式；采用成批采购的方式，即公司专门的采购团队每日现场批量采购，不仅可以保证平台品类齐全、供应稳定，而且运输方便、补货容易；此外，针对百货类标品，叮咚买菜采取品牌商直供的采购方式，减少中间交易环节，有效控制物流成本，同时极大地保证品质和货源的稳定性，让消费者在叮咚买菜平台上吃得开心、吃得放心、吃得安心。

**叮咚买菜的仓配模式主要为"前置仓配货 + 最快 29 分钟送达"。** 叮咚买菜采购的货品运送到位于郊区的总仓、进行初步分拣包装后，再由总仓运送至各社区的前置仓。叮咚买菜用"分散式仓储"取代了"集中式仓储",为生鲜产品的高效配送打下了坚实基础;同时,叮咚买菜拥有自己研发的智能调度和末端配送系统,"家门口最后一公里"的独特配送模式规避了冗长的冷链物流所带来的高成本、高损耗问题,进而形成叮咚买菜强大的核心竞争力,有效地提升了盈利能力。叮咚买菜前置仓形成的2～3千米覆盖规模,使得平台离用户更近、配送更快、渗透率更高,实现了用户"即需即点、所见所得、同时送达"的三大要求。

叮咚买菜的特色主要体现在三个方面:

**一是"智能调度系统"全面提升配送效率**。用户通过叮咚买菜手机APP下单并支付后,后台系统将订单自动送到"任务系统"进行处理;"任务系统"根据用户期望配送的时间创建"分拣任务",同时由"智能调度系统"确定分拣员;分拣员根据任务分拣商品,并将打包商品放在"交接柜"的相应位置上;配送员根据系统指引从交接柜中取到订单包裹,并配送到用户手中。

**二是构建用户画像系统并精准营销**。叮咚买菜平台根据用户的浏览行为、在某个菜谱或商品的停留时间、用户的购买历史等行为特征,应用算法构建用户画像系统,结合对菜谱、商品的特征提取,设计实现了针对每个用户特征的菜谱和商品推荐系统,为开展精准营销奠定了良好的基础。

**三是注重用户对时间、品质、品类的消费需求**。叮咚买菜构建的"前仓配置＋智能调度系统"订单操作模式,有效满足了下单用户"即点即需"的生鲜购物需求。叮咚买菜采用"7+1"品控流程,即在产品产地种植和订单送达的七个环节内,实现了产品品质全程把控,确保订单品质放心可靠;此外,智能客服系统随时随地接收用户的数量和反馈,保证信息传递和事件反应的通畅性与及时性。以厨房场景为出发点,构建起用户"吃饭"所需的产品品类框架。平台上"1800+"的产品矩阵丰富且合理,使得用户在下单过程中无需多次重复和换平台操作,满足简单快捷的"一站式"食品采购需求。

### (三)主要做法与成效

**一是特殊时期"不打烊不涨价",以保障民生所需**。春节等节日期间大多数服务行业的暂停营业，造成了广大居民的生活不便，叮咚买菜平台上线以来，节假日"不打烊不涨价"已成为其核心运营标准之一，保证生鲜产品的及时供应，以保障民生之所需。为应对新冠疫情，叮咚买菜迅速成立了三个"战斗小组"：一个是保安全小组，另一个是保供应小组，还有一个是保配送小组。并确定叮咚买菜的目标是"保供应、稳菜价"，即不再考核毛利率与盈利情况，也要保障供应充足稳定。新冠疫情期间，叮咚买菜日订单量在40万～50万单，客单价几乎翻了一倍，从之前的60元涨到现在的100多元。同时，春节期间，叮咚买菜每天新增用户超过4万户，每天供应的蔬菜超过1 000吨。

**二是积极参与扶贫事业**。叮咚买菜通过充分挖掘生鲜电商行业的潜能和自身在农产品产销供应方面的创造力、生产力和带动力，积极开展消费扶贫，助力打赢脱贫攻坚战。叮咚买菜深入云南大理、贵州遵义等地区，投资建设了多个"叮咚买菜合作种植/养殖基地"，不断探索和创新持续稳定、长期高效的扶贫攻坚方案。

**三是采用多种举措促进消费**。叮咚买菜推出"解春馋上叮咚"活动，主推时令鲜食：青团、明前螺蛳、红香椿、荠菜、春笋、鲜活清水小龙虾等春季鲜品，大受市民的欢迎，每日主推单品的销量可达近10倍的增长；与上海老字号品牌如光明、新雅、杏花楼、老盛昌等合作，推广创新网红食品，如杏花楼咸蛋黄肉松口味青团、沈大成抹茶牛奶青团等，让老品牌借助互联网迸发新活力，并推出"满赠满减"活动，带动市民的消费；推出"超级会员日"活动，专享88折，让利给叮咚会员，为促进消费做贡献。另外，叮咚买菜还通过"线上直播购物节"等新的方式来带动消费，以直播等方式推广生鲜新品，促进场景式消费，深受市民青睐。

## 四、本来生活网——坚守品控，助力上海地产农产品销售

### （一）总体概况

本来生活网创办于2012年7月，致力于生鲜新零售，坚守农产品品控，注重助推上海地产农产品销售。2019年，本来生活网与上海本地合作社包括上海古宗白山羊专业合作社、上海明珠湖生猪专业合作社、上海

谷满香粮食种植专业合作社、上海初心蔬菜专业合作社等，以及生鲜食品供应商包括上海齐泓食品有限公司、上海西鲜记电子商务有限公司、中粮肉食（江苏）有限公司上海分公司等共计140余家进行合作，销售以肉禽、粮油、水果等为主的农产品，年销售额达2亿元。2020年4月，本来生活网APP在线售卖的上海地产稻米、肉禽、水果、蔬菜等多个品类，共计有120多种产品。

本来生活网的发展主要历程如下表：

| 年份 | 大事记 | 荣誉资质 |
| --- | --- | --- |
| 2013 | 北上广三地建仓，生鲜配送覆盖全国22个城市 | |
| 2014 | 获A轮融资，全国300个城市常温配送，42个城市生鲜次日送达，公司收入比上年翻4倍 | 中国扶贫基金会"2016善行者指定合作伙伴" |
| 2015 | 获B轮融资布局产业链，上下游延伸，自建冷库扩1倍 | 第六届中国公益节"年度责任品牌奖" |
| 2016 | 完成C、C+轮融资 | |
| 2017 | 9月盈利1 290万元，本来鲜起步 | 上海食用农产品"金篮子"电商平台 |
| 2018 | 新零售全国布局O2O+B2C，本来鲜全国开店超过300家 | 通过ISO三大国际体系认证<br>首批入选国家供应链试点企业<br>创业黑马"新消费产业独角兽"<br>中国生鲜新零售创新应用奖<br>全国果业精准扶贫功勋企业<br>佳沛俱乐部（ZESPRI Club Z）中国区会员 |
| 2019 | 完成D1轮融资，本来鲜全国开店近700家，本来生活网一二季度盈利，全财年持续盈利 | |

## （二）发展模式与特色

本来生活网采用"本来鲜O2O+本来生活网B2C"发展模式，其中O2O平台/本来鲜2.0主要定位于大众用户的社区生鲜加盟连锁，主要特色是"门店+网店"，以实现线上线下融合，并达成了"300米到店、30分钟到家"的目标。目前"本来鲜"主要遍布上海、武汉等城市，有近800家门店。2019年1月，上海首家"本来鲜"正式开业。而B2C平台/未来生活网定位于中高端的优质生鲜食品购买，主要特色是全球买手直采、特色食品定制、自有品牌开发，并自建物流，实现全程冷链配送，使生鲜销售覆盖全国大多数省市，优质用户多达3 600万户。

本来生活网的优势主要体现在以下四个方面：

**一是优质自营**。包括超级"买手"制、基地直采、自建物流、自建专业多温仓库等。近200位"买手"全球直采优质优价的食材，有自建物流——维特派，在全国第一个拿到混温配送牌照，并实现上海外环内全面覆盖，11点前下单，当晚送达。24小时妥投率达99.5%，14小时妥投率为80%。在北上广及成都、武汉等7个主要城市建成6万平方米冷库，从-60℃到25℃实现8个温区的分类储藏。

**二是严格品控**。将标准化品控体系贯穿供应链全链条，并实现全程溯源。本来生活网通过利用ISO管理体系持续优化的思路，对四大模块——供应商管理、验收检测、加工巡检、配送质量进行严格管理，并对每个环节实现了无缝衔接和高效运行。其包括九道关卡：①供应商资质审查；②现场质量水平评估；③签订质量规则；④大品驻厂，品控前置；⑤入库验收；⑥实验室检测；⑦合格商品予以上架；⑧库内商品实时监测；⑨配送质量控制。并与全球公认的百年品牌SGS签订战略合作协议，共同打造更专业更严苛的溯源体系。此外，实行定期送检与飞行检查相结合，加上SGS合作风险项测试、风险评估，并出具检测报告。

**三是供应链创新**。2018年10月17日，商务部、工业和信息化部、生态环境部等八部门联合下发《关于公布全国供应链创新与应用试点城市和试点企业名单的通知》，本来生活网首批入选"国家队"；2019年底，本来生活网入选商务部《全国供应链创新与应用试点案例集》，初步夯实了集产地直采、独家定制、独有品牌溢价、数据驱动为一体的4D供应链。

**四是专业服务**。注重从采购到运营、从物流到客服的专业服务，货差投诉率万分之1.41，全链条品控检测报告100%公开，24小时投递率达99.5%。建立了专业化的客服体系，以实现快速响应，提升用户体验。此外，对差评100%回复，热线接通率99%，一次性解决率90%，在线客服实现零等待，APP自助退换货30分钟响应，积分优惠券30分钟内到账，投诉首次响应时间控制在2小时内，建立免照片快赔机制。

## （三）主要做法与成效

**一是为上海地产农产品开辟联动的销售渠道**。本来生活网通过线上推出专区等在线销售南汇西莫洛托瓜、崇明乌骨鸡等覆盖稻米、肉禽、水果、蔬菜等 120 种上海地产农产品。同时，通过订单制在线下社区生鲜连锁"本来鲜"推出上海农产品专区销售地产农产品。通过线上线下渠道的联动，共同提升地产农产品的销量。

**二是举办优质农产品品鉴活动宣传地产农产品品牌**。在上海农业农村委的牵头和支持下，本来生活网近两年举办了上海地产优质西瓜品鉴评优推介活动、上海地产优质国庆新大米评优推介活动、上海地产优质草莓评优推介活动、上海地产优质肉鸽评优推介活动、上海地产优质葡萄评优推

本来生活网宣传和活动图片

介活动等十余场上海地产农产品的用户品鉴推介活动,组织本来生活网资深用户实名制参与农产品的品鉴评选,加上媒体全程报道,使评选出来的优胜产品上线本来生活网、"本来果坊"、"本来鲜"等渠道进行售卖。通过大型的用户品鉴推介活动,一方面筛选出受欢迎的优质上海地产产品,另一方面有效地提升了崇明大米、南汇8424西瓜、南汇水蜜桃、马陆葡萄等的知名度,增强了用户口碑和美誉度,在为地产农产品品牌建设夯实基础的同时极大地拓展了销路。

**三是整合优质资源对接需求，推广地产农产品品牌。**2019年7月13日，本来生活网与崇明区农业农村委正式启动"崇明绿色食品福利工厂"建设，推动崇明地区绿色有机农产品深度对接企事业单位职工福利需求，为广大市民提供更多优质的崇明绿色农产品，并进一步拓展崇明优质农产品的销路。并通过与B端企业的福利对接，将崇明优质农产品推广到了全国市场。本来生活网邀请包括新闻晨报、经济日报、中国新闻社、新华社等在内的数十家媒体参加现场活动，并进行了大范围的宣传，有效地扩大了上海地产农产品品牌的知名度。

**四是举办品牌营销策略培训及研讨会增强生产者品牌意识。** 2019年10月,在上海市农业农村委的牵头下,上海48家蔬菜、草莓、食用菌标准园主要负责人到本来生活网,探讨农产品的品牌化营销之路和销售策略。2019年12月17日,在上海市合作交流办公室、上海市商务委员会、上海市总工会的支持与指导下,由本来生活网发起并承办了"2019电商消费扶贫助力上海市百县百品研讨会"。通过上述的培训和研讨活动,有效增强了地产农产品生产者的品牌意识,为打响地产农产品品牌,促进农产品销售奠定了坚实基础。

# 主要参考文献

[1] 班杜拉.思想和行动的社会基础:社会认知论[M].林颖,等译.上海:华东师范大学出版社,2007.

[2] 陈晓旭,王翔宇,刘建晓.博弈视角下电商扶贫对农村生产企业发展的影响[J].经济问题,2019(1):84-91,98.

[3] 程欣炜,林乐芬.农产品电商对小农户有机衔接现代农业发展效率的影响研究[J].华中农业大学学报(社会科学版),2020(6):37-47,162.

[4] 崔凯,冯献.演化视角下农村电商"上下并行"的逻辑与趋势[J].中国农村经济,2018(3):29-44.

[5] 但斌,郑开维,刘墨林,等.基于社群经济的"互联网+"生鲜农产品供应链C2B商业模式研究[J].商业经济与管理,2016(8):16-23.

[6] 戴倩.湖北省家庭农场电子商务发展研究[D].荆州:长江大学,2018.

[7] 郭俊辉.农产品购买中消费者的渠道转换障碍研究:以渠道转换成本为核心的分析框架[J].农业技术经济,2017(8):27-38.

[8] 韩杰,张益丰,郑清兰.异质性条件下农村电商对农户增收实现机制研究:来自山东东营市的实证分析[J].农业现代化研究,2020,41(3):443-452.

[9] 蒋佐升,唐文凤,李彬彬,等.国家级贫困县农业电商用户与经营解析:基于惠农大数据的分析[J].中国农业资源与区划,2020,41(7):224-232.

[10] 李连英,聂乐玲,傅青.不同类群消费者购买社区电商生鲜农产品意愿的差异性分析:基于南昌市578位消费者的实证[J].农林经济管理学报,2020,19(4):457-463.

[11] 林海英,赵元凤,葛颖,等.贫困地区农牧户参与电子商务意愿的实

证分析:来自594份农牧户的微观调研数据[J].干旱区资源与环境,2019,33(6):70-77.

[12] 林家宝,罗志梅,李婷.企业农产品电子商务采纳的影响机制研究:基于制度理论的视角[J].农业技术经济,2019(9):129-142.

[13] 吕丹,张俊飚,王雅鹏.农产品电子商务采纳的增收机理研究:基于589个新型农业经营主体调查数据[J].中国农业资源与区划,2021,42(8):96-106.

[14] 吕丹,张俊飚.新型农业经营主体农产品电子商务采纳的影响因素研究[J].华中农业大学学报(社会科学版),2020(3):72-83,172.

[15] 鲁钊阳.品牌培育对农产品电商发展的影响研究:基于我国东、中、西部15个省级单位的2131份问卷调查[J].现代经济探讨,2018(2):87-99.

[16] 逯连静,郑秀国,马佳.后疫情时代上海农业电商发展的思考[J].上海农村经济,2021(3):25-28.

[17] 马泽波.农户禀赋、区域环境与电商扶贫参与意愿:基于边疆民族地区630个农民的问卷调查[J].中国流通经济,2017,31(5):47-54.

[18] 上海市统计局.上海市第七次全国人口普查主要数据公报(第一号)[EB/OL].(2021-05-17)[2022-04-29].http://tjj.sh.gov.cn/tjgb/20210517/cc22f48611f24627bc5ee2ae96ca56d4.html.

[19] 慎丹,杨印生.吉林省农产品电商产业集聚对产业全要素生产率的影响研究:基于阿里巴巴平台数据[J].数理统计与管理,2020,39(3):385-396.

[20] 宋瑛,谢浩,王亚飞.农产品电子商务有助于贫困地区农户增收吗:兼论农户参与模式异质性的影响[J].农业技术经济,2022(1):65-80.

[21] 唐红涛,郭凯歌.农产品电商模式能实现最优生产效率吗[J].商业经济与管理,2020(2):5-16.

[22] 田刚,张蒙,李治文.生鲜农产品电商企业技术效率及其影响因素分析:基于改进DEA方法与Tobit模型[J].湖南农业大学学报(社

会科学版),2018,19(5):80-87.

[23] 田晓,闫晓改.新型农业经营主体电商采纳意愿影响因素研究[J].商业经济研究,2020(3):133-137.

[24] 王桂新.超大城市治理的几个问题[J].中国领导科学,2020(3):94-99.

[25] 王岸明.我国农产品电子商务促进农民增收作用的实证分析[J].商业经济研究,2019(8):128-131.

[26] 陈劲松,刘芳梅.基于新型农业经营主体的贵州农产品电子商务发展研究[J].贵阳学院学报(自然科学版),2017,12(4):50-52.

[27] 王磊,但斌,王钊."互联网+"环境下生鲜超市创新销售模式研究[J].农业经济问题,2017,38(9):100-109,112.

[28] 王瑞峰.涉农电商平台对我国农业经济发展的影响效应评估:以农村淘宝为例[J].中国流通经济,2020,34(11):68-77.

[29] 王昕天,康春鹏,汪向东.电商扶贫背景下贫困主体获得感影响因素研究[J].农业经济问题,2020,41(3):112-124.

[30] 谢金丽,胡冰川.农业企业电商采用决策及电商业绩影响因素的实证研究:基于农业产业化龙头企业的经验数据[J].软科学,2020,34(8):6-11,18.

[31] 徐芬,陈红华.基于消费者需求的生鲜电商新零售模式研究:以"盒马鲜生"为例[J].湖南社会科学,2020(5):64-72.

[32] 薛岩,马彪,彭超.新型农业经营主体与电子商务:业态选择与收入绩效[J].农林经济管理学报,2020,19(4):399-408.

[33] 姚志.新型农业经营主体电商认知行为差异及影响因素实证[J].中国流通经济,2017,31(9):46-52.

[34] 闫西木,秦娜.我国农产品电商供应链稳定性研究:基于微观和宏观双重视角的检验[J].商业经济研究,2020(5):120-123.

[35] 訾豪杰.基于农村电商的农产品营销效率提升研究[J].农业经济,2018(11):135-136.

[36] 曾亿武,郭红东,金松青.电子商务有益于农民增收吗:来自江苏沭阳的证据[J].中国农村经济,2018(2):49-64.

[37] 赵建伟,彭成圆,冯臻,等.特色农产品电商发展及其影响因素研究：基于江苏省农户电商的调研数据分析[J].价格理论与实践,2020(8):164-167.

[38] 朱镇,赵晶.企业电子商务采纳的战略决策行为：基于社会认知理论的研究[J].南开管理评论,2011,14(3):151-160.

[39] 张益丰.生鲜果品电商销售、农户参与意愿及合作社嵌入：来自烟台大樱桃产区农户的调研数据[J].南京农业大学学报(社会科学版),2016,16(1):49-58,163-164.

[40] 张春玲,李安娜,贾淼森.新电商背景下农产品流通创新发展动力与发展对策[J].经济论坛,2022(1):17-25.

[41] 张哲晰,高鸣,穆月英.新型农业经营主体电商参与机制、困境及对策：来自贵州省剑河县调研的证据[J].中国流通经济,2021,35(12):40-49.

[42] MISHRA K, PARK A. An empirical analysis of internet use by U.S. farmers[J]. Agricultural and Resource Economics Review, 2005, 34(2): 253-264.

[43] POOLE B. How will agricultural e-markets evolve? Paper presented at the USDA outlook forum[R]. Washington, 2001.

[44] BAORAKIS G, KOURGIANTAKIS M, MIGDALAS A. The impact of e-commerce on agrofood marketing, the case of agricultural cooperatives, firms and consumers in crete[J]. British Food Journal, 2002, 104(8): 580-590.

[45] PARKER C, RAMDAS K, SAVVA N. Is IT enough? Evidence from a natural experiment in India's agriculture markets[J]. SSRN Electronic Journal, 2016(9): 2481-2503.